Carine Paquin

Full textos

Qui est où ?

Kennes

Publié avec les autorisations des Éditions Boomerang inc.,
Québec, Canada

Auteure : Carine Paquin
Illustration de la couverture : Richard Petit
Illustrations intérieures : Manuella Côté
Graphisme : Karine Côté

Rue de la Blanche Borne 15
6280 Gerpinnes (Loverval) – Belgique
www.kenneseditions.com

Légère adaptation : Cassandre Sobieski

Dépôt légal : avril 2019 – D/2019/13.105/39

ISBN : 978-2-8758-0723-6
NUART : 49-6853-5

Imprimé en Europe

À tous les animateurs
de la Base de plein air Mont-Tremblant,
avec qui j'ai passé des
étés <u>inoubliables</u>!

-Safran

Juliette Delisle

Surnom : Juju

Couleur préférée

Turquoise.

Ses plus grandes peurs

Les hauteurs et les souris.

Qualités

Douce, gentille, serviable et bonne cuisinière.

Défauts

Gênée et peureuse.

Ce qu'elle veut faire plus tard

Enquêtrice ou vétérinaire.

Sa famille

La mère de Juliette est fleuriste. Son père est souvent absent pendant de très longues périodes, car il travaille pour l'armée. Elle a une grande sœur qui ne lui parle presque pas, tellement elle est prise par sa crise d'adolescence.

Lou Lessard

Surnom : Loulou

BFF

Jade

Couleur préférée

Rose.

Sa plus grande peur

Être abandonnée (par ses amies, sa famille, ou n'importe qui d'autre).

Qualités

Extravertie, souriante et à l'écoute des autres ; elle chante très bien.

Défauts

Aime attirer l'attention, se mêle parfois de ce qui ne la regarde pas.

Ce qu'elle veut faire plus tard

Comédienne ou animatrice.

Sa famille

Elle habite avec son père, qui est policier. Elle rend visite sa mère un week-end sur deux. Elle a un petit frère de huit ans qu'elle aime beaucoup, même s'il est parfois agaçant.

Jade Trudeau

Surnom : Jadou

Couleur préférée

Le zébré (même si ce n'est pas une couleur).

Sa plus grande peur

Devenir pauvre.

Qualités

Courageuse, généreuse, déterminée ; elle est aussi capable de retenir sa respiration très longtemps !

Défauts

Obstinée (mais selon elle, ce n'est pas un défaut).

Ce qu'elle veut faire plus tard

Un travail payant !

Sa famille

Elle vit avec son père et sa mère, qui travaillent (beaucoup trop) dans un cabinet d'avocats. Elle est enfant unique.

Rébecca Fortin

Surnom : Rébé

BFF Jade

Couleur préférée

Vert lime (pas vert forêt).

Sa plus grande peur

Que ses frères entrent dans sa chambre.

Qualités

Drôle et responsable.

Défauts

Impatiente, surtout avec ses frères, et pas toujours drôle.

Ce qu'elle veut faire plus tard

Elle ne le sait pas encore !

Sa famille

Elle habite avec ses deux parents et a trois petits frères très fatigants qu'elle doit souvent garder.

Jackson Bérubé

Surnom : Jack

BFF -

Il n'en a pas vraiment.

Couleur préférée

Bleu.

Sa plus grande peur

Être séparé de ses frères.

Qualités

Responsable, drôle, sensible.

Défauts

Impulsif, manque de confiance en lui.

Ce qu'il veut faire plus tard

Pour le moment, il n'en sait rien.

Sa famille

Il vit depuis peu dans une famille d'accueil. Jackson a deux petits frères et une petite demi-sœur. Les garçons vivent ensemble dans la même famille d'accueil, mais la petite sœur habite avec son père (qui n'est pas le même que celui de Jackson).

Spoutnik

Surnom : Spout

Couleurs préférées

Gris et kaki.

Sa plus grande peur

Ne pas obtenir son diplôme.

Qualités

Drôle, attentionné, débrouillard.

Défaut

Demande rarement de l'aide.

Ce qu'il veut faire plus tard

Éducateur spécialisé.

Sa famille

Spoutnik considère les moniteurs du camp où il travaille comme sa famille, car c'est là qu'il habite tout l'été.

Rosalie Delisle

Surnom : Rosie

Couleur préférée

Mauve.

Sa plus grande peur

Être victime d'un vol à main armée au magasin.

Qualités

Responsable, honnête.

Défaut

Bosseuse.

Ce qu'elle veut faire plus tard

Elle ne le sait pas encore !

Sa famille

C'est la grande sœur de Juliette.

CHAPITRE 1

CONVERSATION ENTRE

Juju

et

Lou

C'est l'été! La vie est belle, tout le monde est en vacances! Juliette et Lou se préparent à partir pour un camp de théâtre équestre. Elles en rêvent depuis des mois! Eh non, ce n'est pas un camp où l'on fait du théâtre sur le dos d'un cheval, mais bien un camp où il y a de l'équitation ET des cours de théâtre. Elles y passeront deux semaines loin de leur famille. Juliette est folle de joie, car, sans ça, l'été aurait été ennuyeux.

En effet, la mère de Juju travaille beaucoup, et son père est parti il y a quelques jours pour une mission militaire qui durera on ne sait trop combien de temps. Ce qui fait que sa sœur se serait prise pour la patronne de la maison. Pour Lou, c'est plutôt l'occasion de faire une pause de son petit frère et de son père, qui, disons-le, est un peu trop autoritaire.

Être la fille d'un policier, c'est parfois (presque toujours) épuisant. Lou voit le camp comme un moment de liberté! Et en effet... elle n'aura jamais été autant laissée à elle-même de toute sa vie!

Vendredi 8 h

Coucou, Loulou!
J'espère que tu vas bien!
Moi, je suis trop excitée de partir!

Juju

On va passer te chercher
à 9 h !

Lou

Salut, Juju ! Moi, je suis surexcitée !!!!! Est-ce que tu apportes ton portable, toi ?

Juju

Ben oui ! Si je veux prendre des photos pour garder des souvenirs de ce camp !

Et je veux aussi avoir des nouvelles des filles… Je suis contente qu'on soit juste nous deux, mais les autres filles vont me manquer !!!

Lou

Moi aussi ! Mais mon père ne veut pas que j'apporte le mien…

Juju

Pourquoi ?

Lou

Il dit que ce n'est pas une place pour avoir un portable et que je dois profiter de mes vacances.

Mais si je lui dis que toi, tu l'apportes, il va peut-être changer d'avis !

Oui ! Dis-lui ça !

Juju

S'il ne veut pas, je te prêterai le mien...

Vendredi 8 h 50

Lou

Yess ! Mon père me laisse apporter mon téléphone pour prendre des photos !

On va aussi texter les autres filles, mais ça, on ne le dira pas à mon père ! LOL !

Juju

Ouais, bonne idée !
Mais j'y pense… Rébecca fait du camping avec sa famille, sans réseau !

Lou

Ah, ouais… Et Jade est en vacances chez sa tante en France… Elle ne répond pas toujours, à cause du décalage horaire.

Juju

Ça va faire drôle d'être juste nous deux…
D'habitude, nous sommes toujours toutes les quatre !

Lou

Oui, vraiment !

Juju : Est-ce que tu vas texter Jacob aussi ?

Juju : 😍

Lou : C'est sûr… Sinon, je vais trop m'ennuyer ! 😉

Juju : Ma mère vient de me dire qu'on part… On arrive chez toi dans 10 minutes ! À+

Lou : Je vous attends ! 😁

CHAPITRE 2

CONVERSATION ENTRE

À l'école, Lou, Jade, Rébecca et Juliette sont inséparables. Au début, Juliette avait proposé qu'elles aillent toutes au camp de théâtre équestre. Mais les parents de Jade avaient déjà prévu d'envoyer leur fille en France chez sa tante pendant ces semaines-là. Et pour Rébé, le camp était trop cher. Voilà pourquoi Lou et Juju sont les deux seules dans la voiture en direction du camp.

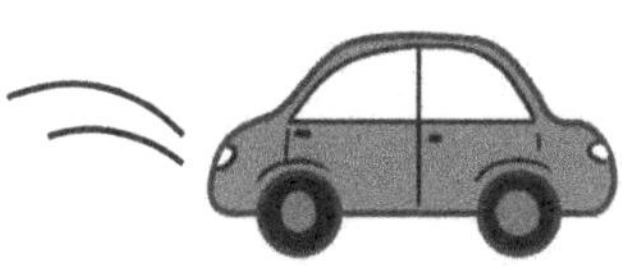

Vendredi 9 h 30

Juju : Coucou, les filles ! Je voulais juste vous dire qu'on pense très fort à vous ! 😘

Lou : On sait que vous ne répondrez probablement pas... mais ce n'est pas grave ! ❤ ❤

Juju : ❤

Nous sommes actuellement en direction du camp !

Et j'ai Ron le péteur dans la face ! Avec un si gros chien, Juliette, vous devriez avoir une plus grande voiture !

LOL ! Non, c'est beaucoup plus drôle comme ça !

Juste pour vous, les filles :

...

CHAPITRE 3

CONVERSATION ENTRE

et

Le père de Juliette travaille pour l'armée canadienne. Il est ingénieur en mécanique, et c'est lui qui est sur le terrain afin de s'assurer que tout l'équipement terrestre fonctionne bien. En réalité, son travail est un peu plus complexe que ça, mais c'est ce que Juliette répond quand on lui pose la question. Le père de Juliette peut voir les textos qu'elle lui envoie, mais il ne peut pas y répondre. Ce n'est pas grave : au moins, il a des nouvelles de sa fille.

Vendredi 9 h 45

Juju

Coucou, petit papa d'amour ! Je sais bien que tu ne verras pas ce message de sitôt et que tu n'y répondras pas, mais quand je te texte, j'ai l'impression que tu es près de moi ! Je viens juste d'arriver au camp avec maman et Lou ! J'ai trop hâte de te raconter mes deux semaines !

Je t'aime ! ❤

Ta petite puce !

Juju

Voici une photo de moi et de Ron. Tu ne trouves pas que Ron a un air tristounet ? Je pense qu'il a compris qu'il retourne à la maison sans moi.

CHAPITRE 4

CONVERSATION ENTRE

Juju

et

Lou

Selon leur plan, Juliette et Lou devaient partager la même chambre et être dans le même groupe pendant leurs deux semaines de camp. C'est d'ailleurs ce qu'elles avaient indiqué sur le formulaire d'inscription. Mais le destin ne suit pas toujours le plan qu'on a choisi... Même que, parfois, il a un tout autre dessein pour nous! Et au jeu de la vie... c'est toujours lui qui gagne, de toute façon!

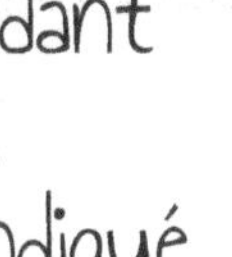

Vendredi 12 h 45

Juju : OMG ! Loulou !! Je panique, là ! Pourquoi on n'est pas dans le même groupe ??!!!

Lou : Je ne sais pas ! J'avais pourtant demandé d'être avec toi !

Juju : Moi aussi !!!

Lou : C'est vraiment trop NUL ! Tu dors dans quelle cabine, toi ?

Juju : Dans celle avec la porte rouge. Et toi ?

Lou
Dans celle avec la porte verte. J'espère qu'on va arriver à se voir un peu quand même !

Juju
J'espère… sinon, je vais pleuuurer !!!

Lou
Moi aussi…

Juju
Je viens de poser la question, et la monitrice dit qu'on va se voir pendant les repas et les jeux de soirée.

Lou
Ouf ! Heureusement !

Lou

C'est trop nul ! Je ne connais personne dans mon groupe. C'est trop gênant !

Juju

Pareil pour moi !

Et la monitrice dit que c'est impossible de changer de groupe.

Lou

Lou

Bon, je dois défaire ma valise ! Après, il paraît qu'on va tous se rassembler dans le chalet principal !

Juju

Oui ! C'est ce que la monitrice vient de me dire aussi.

À plus tard !

Lou

CHAPITRE 5

CONVERSATION ENTRE

La conversation qui suit entre Lou, Juliette et une personne inconnue pourrait te paraître incompréhensible si tu n'as pas lu *QUI A FAIT QUOI?*, le premier tome de la série *Full textos*. Si c'est le cas, ne t'en fais pas: tu pourras quand même très bien suivre le déroulement de cette histoire. Toutefois, les détails de ce qui s'est passé entre les filles et cette mystérieuse personne (qui ne restera pas mystérieuse longtemps, je te rassure) sont expliqués dans le tome 1 de la série.

Vendredi 13 h

? : Salut, les filles !

Juju : Salut, c'est qui ?

? : Une personne qui est au camp en même temps que vous...

Lou : Et tu as notre numéro de téléphone ?

Juju : Je n'ai vu personne que je connais en arrivant.

?

Sérieux ? Mon nom n'apparaît pas sur vos textos ?

Juju

Non !

Lou

Non ! Alors, ça veut dire qu'on ne s'est jamais parlé par textos...

?

Pourtant, vous m'avez donné votre numéro l'an passé au camp de jour...

?

Je pourrais m'amuser longtemps avec ce mystère...

Mais comme je ne veux pas vous faire revivre le même enfer qu'à l'école cette année, je vais vous dire rapidement qui je suis...

Lou

Haaaaaa ! Je pense que je sais qui c'est...

Juju

Ça ne fait pas de doute, Lou... Mais sérieux, tu es au même camp que nous ?

Lou

Je ne pensais pas que c'était ton genre...

Vous ignorez beaucoup de choses sur moi.

T'as raison ! Mais une chose est certaine, on sait maintenant que tu es rancunier, Jackson Bérubé !

Je suis démasqué !

LOL ! Moi, rancunier ? Pfft...

Lou : Avec le coup que tu nous as fait...

Jackson : Ça va, je me suis excusé mille fois au moins. Et avec tous les travaux que j'ai faits dans l'école, je pense que j'ai payé ma dette...

Juju : T'as raison, on a tous droit à une deuxième chance !

Lou : T'es dans quelle cabine, toi ?

Jackson : Dans la première, avec la porte blanche.

Juste à côté de la mienne !

Alors, on va se voir au rassemblement tout à l'heure ?

Ouais ! À+

CHAPITRE 6

CONVERSATION ENTRE

Les filles sont chacune dans leur cabine. Elles ont installé leur sac de couchage sur le lit et placé leurs vêtements sur les tablettes. Le règlement interdit que les jeunes aient un téléphone portable en leur possession. Mais presque tout le monde en cache un quelque part dans ses bagages. L'important, c'est de ne jamais se faire prendre…

Vendredi 13 h 30

Juju

OMG ! Les filles ! Jackson est au même camp que nous ! Est-ce que vous pensez qu'on devrait avoir peur ?

Jade

Coucou, les filles ! Contente d'avoir de vos nouvelles ! Trop drôle, la photo du chien ! 

Je n'y crois pas ! JACKSON BÉRUBÉ !?

Lou

Je ne pense pas qu'on doive avoir peur, Juju...

Jade

Lou a raison. Jackson est gentil... Il avait juste beaucoup de peine quand il nous a fait son coup cette année. Soyez gentilles avec lui.

Juju

Mais oui ! C'est sûr, voyons ! Et toi ? Comment c'est, chez ta tante ?

Jade

Je m'amuse beaucoup ! Mais vous et Noam me manquez beaucoup ! Je ne peux pas voir vos textos rapidement parce que ma tante m'interdit d'être sur mon portable plus qu'une heure par jour.

Lou

Ta tante s'entendrait bien avec mon père ! Lui aussi contrôle mes heures de téléphone ! LOL !

Jade

LOL !

Juju

Comment c'est, la France ?

Jade

C'est chouette, les gens ont un drôle d'accent !

Je dois vous quitter,
il est presque minuit, ici...
Nous rentrons du mariage de ma cousine. Mais là,
je dois aller dormir !

Ce mariage m'a trop fait penser à Noam… Je trouve ça dur pour un couple, les vacances d'été.

Lou

Oui ! Je comprends, c'est la même chose pour moi et Jacob ! 

Bah ! Le truc pour ne pas avoir de peine l'été, c'est d'être célibataire ! Ha ! Ha ! Bonne nuit, Jadou !

Juju

Lou

Ouais... Pas certaine que j'aime ton truc, Juju ! LOL ! Bonne nuit, ma Jadoune ! Tu me manques ! ❤

Jade

Tu me manques aussi ! ❤

C'est nul que ma tante soit en France... On aurait pu lui faire rencontrer ton père, Lou ! MDR Comme ça, on serait cousines !

Lou

MDR Non, ça va ! J'aime mieux que mon père soit célibataire, et je ne veux surtout pas déménager en France ! 😉

Jade : LOL ! J'avoue !

Bye

Lou : Bye

Juju : Bye ! xx

CHAPITRE 7

CONVERSATION ENTRE

Juju

et

Lou

Les filles sont de retour dans leur cabine après leur première soirée de camp. Il n'y a qu'un mot pour la qualifier: mémorable! Les moniteurs étaient complètement fous avec leurs costumes hilarants, <u>WOW</u>!! Il y en avait même un déguisé en bébé avec une grosse couche! Les filles ont participé à un jeu d'épreuves pour trouver qui sera leur moniteur. Juliette se retrouve dans le groupe d'Agrippine, Lou, dans celui du trop beau Spoutnik et, finalement, Jackson sera avec Apollo.

Ce qu'il faut savoir, c'est que, dans chaque cohorte, il y a au moins une campeuse qui tombe follement amoureuse de Spoutnik. S'ensuit, chaque fois, une terrible peine d'amour. Car, évidemment, le beau moniteur n'est jamais amoureux d'une jeune campeuse. Comme Lou est déjà en couple avec Jacob, elle ne devrait pas succomber au charme du moniteur, à moins que la vie lui réserve quelque chose de différent (encore une fois)!

Vendredi 20 h

OMG, Loulou, ton moniteur est vraiment trop beau !

Juju

Je sais !

Lou

Je suis trop jalouse !

Juju

Lou

Ta monitrice a l'air vraiment cool, elle aussi !

Oui, vraiment… mais ce n'est pas pareil !

Juju

Lou

T'as remarqué quelque chose de différent chez Jackson, toi ?

Ouiiiii !!! Mais je n'arrive pas à dire quoi…

Juju

Lou

Ouais, pareil pour moi.

Juju

Je ne veux pas être méchante, mais on dirait qu'il avait l'air plus propre... Est-ce que ça se peut, ça ?

Lou

Je ne sais pas trop... Mais je suis certaine que Juliette Delisle va ouvrir une enquête là-dessus, hein ?

Juju

Ha ! Ha ! Tu me connais trop bien !

Lou

Tu me feras ton rapport
à la fin de la semaine,
détective Juju !

Juju

J'ai l'intention d'avoir une
réponse bien avant ça !

Lou

Elles sont comment, les filles,
dans ton groupe ?

Juju

Elles ont l'air gentilles.
Mais je suis un peu gênée
de leur parler. Je pense
qu'elles se connaissaient
déjà de l'an passé... Et toi ?

Lou

Dur à dire. Personne ne
se parle, tout le monde est
sur son téléphone.

Heureusement que c'est interdit d'en avoir un !

Juju

Lou

Ouais…

Heureusement que j'ai le mien… Imagine à quel point je me serais sentie seule !

Tu ne devineras jamais ce que je viens de trouver dans le fond de mon sac ?!!

Pas une souris, j'espère !

Juju

Lou

Ha ha ! Non !
Un pulvérisateur de poivre de Cayenne.

Juju

T'as apporté ta salière et ta poivrière ? T'avais peur que la nourriture ne soit pas bonne ? 😂

Lou

LOL ! Non ! C'est un truc qu'on utilise contre les agressions… Ça lance du poivre dans les yeux et ça brûle.

Juju

Haaaa ! Oui, je sais ce que c'est ! Mais POURQUOI t'as ça ?

Lou

C'est mon père qui a mis ça dans mon sac, c'est certain !

Juju

Ça fonctionne contre les ours ? Parce qu'on part en camping du week-end avec mon groupe, et j'aimerais bien l'avoir pour me protéger.

Lou

LOL ! Je ne sais pas, mais, chose certaine, ça va fonctionner contre les souris ! LOL !

Juju

Alors, je le veux ! HA ! HA !

Juju : Mais sérieux, ça va te servir à quoi ?

Lou : Je ne sais pas… Mon père est un peu parano, des fois !

Juju : Juste des fois ?

Lou : LOL ! T'as raison… souvent !

J'entends les moniteurs qui approchent… Cache ton portable, Juju !

Juju : Bonne nuit !

CHAPITRE 8

CONVERSATION ENTRE

et

Aujourd'hui, c'est la première journée complète de camp. Malheureusement, pendant la journée, il est impossible pour les filles d'avoir leur téléphone portable. Elles doivent donc attendre

seize heures, soit à la période de temps libre, pour prendre des nouvelles l'une de l'autre. Juliette a passé la matinée au cours de théâtre et Lou, à l'équitation. Ce matin, Juju a appris que le groupe de Jackson se joindra au sien pour la pièce qu'ils présenteront à la fin des deux semaines de camp.

Alors, elle a passé tout son temps avec lui. Ce qui a facilité son enquête sur le garçon! De son côté, Lou a fait la rencontre de son cheval, un étalon tacheté noir et blanc nommé Berlingot. Trop chanceuse!

Vendredi 16 h 02

Détective Juliette a rempli sa mission !

Juju

Lou

Déjà !

Juju

C'était facile, Jackson est dans la même troupe de théâtre que moi et on joue tous les deux le rôle d'un arbre.

Lou

LOL ! Tu rigoles ?
Tu es un arbre !

Juju

Un arbre qui parle ! C'est un des rôles principaux !

Lou

Un arbre ? Un rôle principal ! ? C'est quoi, le sujet de votre pièce ?

Le sirop d'érable ? LOL !

Juju : LOL ! Non ! C'est les arbres !

Lou : LOL ! Oui, ça, je l'avais deviné !

Juju : Ha ! Ha ! Pour de vrai, ça se passe dans un monde magique où les arbres sont les sages.

Lou : Cool ! J'ai hâte de voir ça !

Moi, j'ai rencontré mon cheval aujourd'hui… Il est GÉNIAL ! Il m'écoutait super bien !

Juju

Wow ! J'espère que le mien
sera tout noir !

Lou

Il y en avait un tout noir...

Juju

YES !

Lou

Mais il était tout petit...
On aurait dit un poney ! MDR

Juju

Beurk ! Je n'ai pas envie
d'avoir l'air d'un lutin sur
un cheval, moi !

Lou

Lou

Tu disais quoi, sur Jackson ?

Juju

Je sais ce qu'il a de changé.

Lou

Ah oui ? Quoi ?

Juju

Ses vêtements.

Lou

Ses vêtements ?

Juju

Ben oui ! Il a de nouveaux vêtements. Normalement, il porte toujours les trois mêmes t-shirts.

Ha ! C’est peut-être ça…

CHAPITRE 9

CONVERSATION ENTRE

Juju

et

Jackson

Quand les filles disent que Jackson a changé, elles ont tout à fait raison! Jack, c'est le genre de gars qui n'a pas beaucoup d'amis, qui n'aime pas trop l'école et qui pique souvent des colères, même devant toute la classe.

Il est parfois bizarre, d'autres fois drôle, mais rarement comme les autres.

Ne pas être comme les autres n'est absolument pas un problème; par contre, dans le cas de Jackson, ce n'est pas son choix ni son but...

Au contraire, il aurait bien aimé être comme tout le monde.

Vendredi 16 h 03

Jackson
Salut, Juliette !

Juju
Salut, Jack !

Jackson
J'espère que je ne te dérange pas.

Juju
Non, non, j'étais en train de texter Lou.

Jackson
OK. Je pense que j'ai pris ton texte de théâtre sans le faire exprès, tout à l'heure !

Juju
Haaa ! Ça explique pourquoi je ne le retrouvais plus...

Jackson

Je m'excuse !

Juju

Ben voyons, ce n'est pas grave !

Jackson

Est-ce que tu penses qu'on a le droit de sortir de nos cabines ? Je pourrais aller te le porter.

Juju

Je ne sais pas trop...
Ma monitrice m'a dit qu'on était libres jusqu'au dîner.

Jackson

Si on est libres, j'imagine que ça veut dire qu'on peut sortir ?

Juju
J'imagine !

Jackson
Alors...

Juju
Alors quoi ?

Jackson
Tu le veux ou pas, ton texte ?

Juju
Ha ! Mais oui, je le veux !
Je pensais que tu venais...

Jackson
Je voulais juste être sûr,
je ne veux pas te déranger.

Juju
Ben non, voyons !

Au fond, j'y pense :
je vais t'attendre aux tables
à pique-nique dehors.
Je n'ai pas envie de rester
enfermée ici... Ma cabine
sent le vieux chalet de
grand-père.

Ha ! Ha ! OK ! J'arrive.

CHAPITRE 10

CONVERSATION ENTRE

Juju

et

Lou

C'est la première fois que les filles vont dans un camp de vacances. Elles ne connaissent pas très bien les règles, donc elles n'osent pas trop faire preuve d'initiative. Pourtant, elles le devraient, car le camp, ce n'est pas l'école! Si elles fermaient leur téléphone un peu, elles s'en rendraient bien compte. Mais ça... ça ne risque pas d'arriver, car cette histoire de *Full textos* s'arrêterait aussitôt!

Vendredi 16 h 04

Juju
Hé ! Je pense qu'on peut sortir de nos cabines...

Lou
Ha ! Ouais... Je ne savais pas, toutes les filles de mon groupe sont sur leur lit et regardent leur téléphone.

Juju
Je vais aux tables à pique-nique avec Jackson. Viens nous rejoindre !

Lou
Avec Jackson ? Houuuuuuuuu ! ♥

Juju
N'importe quoi !

Lou

T'as toujours aimé les gens un peu bizarres… Pas surprenant qu'il t'intéresse !

Juju

Il ne m'intéresse PAS ! Mais t'as raison, j'aime les gens bizarres ! C'est pour ça que t'es mon amie !

Lou

Pfft ! OK ! Je viens vous rejoindre !

CHAPITRE 11

CONVERSATION ENTRE

et

Parlons un petit peu de Lou.
Lou, c'est le genre de fille qui s'intéresse aux garçons depuis la maternelle.
Alors que ses amies rêvaient de la plus belle robe de princesse du monde, Lou, elle, rêvait du prince et n'en avait rien à faire de la robe.

Cette fille est menée par son cœur et elle ne reste jamais célibataire très longtemps. Dès qu'elle n'a plus de petit ami, elle se lance dans une nouvelle conquête.

Selon elle, l'Amour et l'Amitié sont les deux plus belles choses au monde! Lou, c'est l'artiste romantique du groupe!

Vendredi 16 h 20

Juju

Qu'est-ce que tu fais, LOU ??!!!! On t'attend !

Ah ! Je comprends, tu voulais que je sois seule avec Jackson… Mais je t'ai déjà dit qu'il ne m'intéressait pas !

Lou ?

...

Loulou !!! Réponds-moi !

Est-ce qu'il y a un problème ?

Je viens te voir dans ta cabine.

Lou

Jacob vient de me texter.

Juju

Tu lui manques ?

Lou

Non… il a cassé.

Juju

Quoi ?!?! Mais pourquoi ?

Lou

Parce qu'on ne se verra pas de l'été...

Juju

Et alors ? C'est vraiment nul, comme raison. Jade et Noam ne se verront pas, eux non plus.

Lou

C'est lui qui est nul !

Ça faisait sept mois
qu'on sortait ensemble !

Tu penses qu'il a rencontré
une autre fille ?

Juju

Lou

Je m'excuse ! Je n'aurais
pas dû dire ça…

Juju

Juju : Ne pense pas à lui…
Profite de ton camp.

Lou : Je n'aurais pas dû apporter mon téléphone…

Juju : Pourquoi ?

Lou : Parce que si je n'avais pas eu mon portable, Jacob n'aurait pas pu me texter et il n'aurait donc pas pu me laisser.

Juju : Ouais…

Juju
Sors donc de ta cabine, là… Viens avec nous, on va te faire oublier Jacob.

Lou
Pas envie !

Juju
Allez !

Lou
Non…

Juju
Viens ! Sinon, je vais dire à ton super beau moniteur Spoutnik que tu es en peine d'amour et que tu as besoin d'être consolée !

NON ! FAIS PAS ÇA !
J'arrive !

CHAPITRE 12

CONVERSATION ENTRE

Juju

et

Maman

La mère de Juliette est une femme d'affaires hyper occupée, mais elle trouve toujours du temps pour ses filles. Quand Juliette était petite, elle passait des heures dans la boutique de fleurs avec sa mère. Déjà, à cinq ans, elle travaillait et l'aidait véritablement au magasin, tout comme sa sœur Rosalie. Maintenant, la sœur de Juju a seize ans, et elle travaille officiellement, avec un horaire et un salaire. Juliette, elle, n'a pas encore de paye, mais sa mère lui donne de l'argent de poche.

Ce que Juliette préfère, à la boutique, c'est de créer des bouquets pour les mariages. Ce qu'elle déteste, c'est d'en faire pour les funérailles. La mère de Juliette est une passionnée, une artiste, et surtout une femme formidable. Elle est belle, élégante, créative, drôle, souriante... Bref, tout le monde veut être comme la mère de Juju et de Rosie!

Vendredi 16 h 30

Maman

Coucou, Juju ! Je voulais savoir comment ça se passe au camp ? Aimes-tu ça ? T'es-tu fait de nouveaux amis ? Raconte-moi !

Juju

Salut, maman ! J'adore le camp ! 

Maman

Super ! Je suis très contente !

Juju

J'ai eu mon premier cours de théâtre aujourd'hui. Je vais jouer le rôle d'un arbre !

Maman

Hiiiii… OK… Et tu es contente ?

Juju

Ha ! Ha ! Oui !!!!
C'est l'un des rôles principaux ! Les arbres parlent dans notre pièce !

Maman

OK ! Fiouf ! Ha ! Ha !

Juju

Mais, mauvaise nouvelle… Je ne suis pas dans le même groupe que Lou !

Maman

Haaa… Dommage !

Vois le côté positif de la chose : ça va te permettre de rencontrer de nouvelles personnes.

Ouais... C'est sûr...

Juju

Oh... Je sens que tu n'es pas convaincue ! Je suis certaine que tu vas copiner avec des personnes très chouettes !

Maman

Copiner... C'est quoi, ce mot-là !?

Juju

Ha ! Ha !

Maman

Ta sœur te fait dire bonjour !

Juju : Même pas vrai, je suis certaine que c'est toi qui inventes ça !

Maman : Bon, OK ! T'as raison... Mais quand elle sera sortie de sa crise d'adolescence, elle te dira bonjour !

Juju : Ha ! Ha ! Oui, c'est ça !

Maman : Je viens de lui dire que tu lui disais bonjour !

Juju : Hé ! Ce n'est même pas vrai !

Maman

Juju

Elle a dit quoi ?

Maman

Elle a souri… Et elle m'a dit de te dire bonjour.

Juju

Sérieux ?

Maman

Oui, oui !

Juju : Est-ce que ça veut dire que sa crise d'ado est terminée ?

Maman : Il ne faut pas rêver, quand même... HA ! HA ! Elle l'a dit en roulant les yeux !

Juju : Haaa ! Me semblait aussi !

Maman : Je ne te dérange pas plus longtemps, ma Juju.
J'ai du travail !!

Je t'aime !

Moi aussi, je t'aime !
Juju

CHAPITRE 13

CONVERSATION ENTRE

et

Juliette n'aime pas trop que son père travaille pour l'armée. Elle a toujours peur qu'il lui arrive quelque chose lors d'une mission, même si son père lui assure qu'il se tient loin du danger. Mais, quand c'est la guerre, le danger est partout! Juliette ressemble un peu plus à son père qu'à sa mère. Elle est réservée et discrète comme lui, et elle a une force de caractère insoupçonnée.

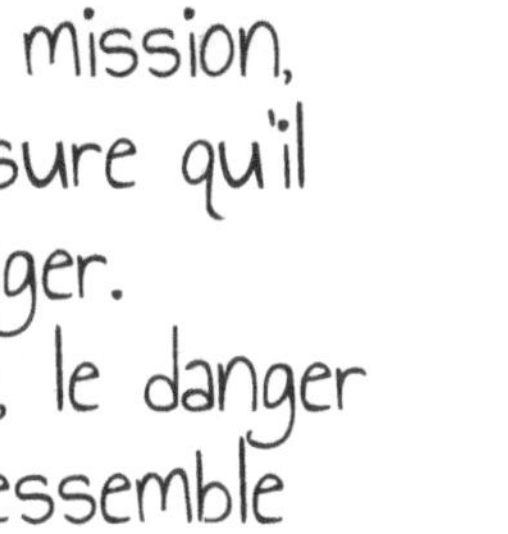

Juju, c'est comme un diamant :
elle semble fragile de l'extérieur,
mais, en réalité, elle est la plus dure
de toutes à l'intérieur !
Tu verras bien !

Vendredi 16 h 33

Juju

Coucou, papa ! Je voulais te dire que j'ai passé une super belle première journée au camp ! J'ai décroché un des premiers rôles pour la pièce ! Demain, je vais rencontrer mon cheval. J'ai hâte !

Je t'aime !

J'espère que tu vas bien !

Ta petite puce d'amour

CHAPITRE 14

CONVERSATION ENTRE

La journée a passé vite! Juliette et Jackson ont tenté d'aider Lou à oublier Jacob en lui racontant des blagues. Mais les blagues, ce n'est pas la force de Juliette. C'est Rébé, la meilleure pour ça, mais elle n'est pas là... Lou a espéré toute la soirée recevoir un texto de Jacob lui annonçant qu'il changeait d'idée, mais ce n'est pas arrivé. C'est finalement l'activité «histoires autour du feu» qui lui a changé les idées, parce que le beau Spoutnik a joué de la guitare!

Exactement le genre de moment que les filles s'étaient imaginé en s'inscrivant au camp. Et comme toute bonne soirée autour d'un feu de camp s'accompagne d'histoires qui font peur, Agrippine n'a pas raté l'occasion de donner la frousse à tous les campeurs.
Elle a raconté qu'il y a très longtemps, un enfant s'est perdu dans la forêt lors d'un jeu de nuit et qu'on n'a jamais retrouvé son corps. Depuis, le camp a été vendu à un autre propriétaire, mais le fantôme du garçon continue de hanter les lieux. Et puis, pendant cette histoire, un autre moniteur est entré dans une cabine et a fait des bruits étranges pour faire croire à la présence d'un fantôme.

Soirée d'épouvante totalement réussie!
À l'heure qu'il est, tous les campeurs sont de retour dans leur cabine et s'apprêtent à dormir (s'ils en sont capables).

Vendredi 21 h 45

Lou

C'était vraiment cool, cette première soirée !!!

Jackson

Vraiment !

Lou

C'est moi, ou t'as l'air moins gêné ici qu'à l'école, Jack ?

Jackson

Bah... Ici, personne ne me connaît...

Lou

Ouais, mais t'es quand même très différent...

Jackson

Peut-être, je ne sais pas.

Lou : Juju, tu n'es pas là ?

Juju : Oui, oui, je suis là... C'est juste que ma monitrice vient de quitter notre cabine. Une des filles de mon groupe a vomi...

Lou : Beurk !

Jackson :

Juju : C'est celle qui n'arrêtait pas de manger des guimauves.

Lou : Ha ! Ha ! On se disait justement qu'elle serait malade ! 😂😂

Juju : C'est fait ! Beurk !

Et je suis d'accord avec Lou : Jack, tu as quelque chose de changé.

Jackson : Peut-être.

Lou : On a raison ou pas ?

Jackson

Ha ! Ha ! Peut-être, j'ai dit…

Juju

Tu ne veux pas nous dire ce que c'est ?

Jackson

…

Lou

OK ! On ne va pas t'embêter avec ça… Mais moi, je pense que t'as une copine !

Juju

Ah oui ! Tellement !

Jackson : Non !

Lou : Menteur !

Jackson : Je vous jure que je n'ai pas de copine.

Juju : Et si on le trouvait, tu avouerais que c'est ça ?

Jackson : ?

Lou

Ce que Juju veut dire, c'est que si on trouve ce que tu as de changé, est-ce que tu vas nous avouer que c'est ça, ou tu vas faire comme si ce n'était pas ça ?

Jackson

Haaaa... Je vous le dirai si vous le trouvez... Mais vous ne le trouverez pas !

Juju

Tu me connais mal.

Jackson

Pas tant que ça...

Juju

Changement de sujet. Vous pensez que c'est vrai, cette histoire de campeur disparu ?

Lou

Ben non, voyons ! C'est juste pour nous faire peur.

Juju

Ça a marché !

Jackson

Apollo m'a assuré que c'était vrai !!

Lou

Ben voyons ! Le camp aurait fermé ! Ça ne se peut pas qu'un campeur disparaisse et que personne ne fasse rien.

Juju

Ils ont dit que c'était en 1982... Dans ce temps-là, il n'y avait pas Internet, le monde ne savait rien ! Puis le camp a été vendu, justement.

Lou

Enfin ! Ils avaient le journal, quand même !

Juju

Une nouvelle dans le journal d'un petit village, ça ne fait pas le tour du monde. Moi, je dis que ça se peut.

Jackson

Il y a la forêt tout autour, ça se peut très bien qu'un campeur se soit perdu et qu'on ne l'ait jamais retrouvé.

Lou

Oui, OK ! J'avoue que ça, ça se peut. Mais que son fantôme hante le camp… QUAND MÊME !

Lou

C'est juste une histoire effrayante de feu de camp… Je suis certaine que, dans tous les camps, on raconte une histoire semblable.

Jackson

De toute façon, moi,
je crains moins les fantômes que les vivants.

Juju

Hiiiii ! Pas moi !!!!

Jackson

Les fantômes ne peuvent pas nous faire mal,
ils peuvent juste nous faire peur.

Juju : Ouais…

Lou : Avec un père policier, je peux te dire que je comprends très bien ce que tu veux dire, Jackson !

Jackson : Je ne savais pas que ton père était de la police.

Lou : Oui, pourquoi ? Qu'est-ce que ça change ?

Jackson : Euh… rien, j'imagine.

Lou : T'es bizarre…

Jackson : C'est toi qui es bizarre : t'es la fille d'un policier.

Juju : C'est quoi le rapport ?

Jackson : Rien, laissez tomber ! Je rigole !

Bonne nuit !

CHAPITRE 15

CONVERSATION ENTRE

Juju

et

Lou

Être la fille d'un policier, c'est avoir droit à plein de commentaires sans rapport. Lou est habituée... Il y a deux genres de personnes : celles qui admirent les policiers et celles qui les détestent. Alors, Lou est parfois la fille d'un héros et, d'autres fois, celle d'un poulet. Elle se fait aussi demander si elle mange beaucoup de donuts et si elle doit appeler son père monsieur l'agent.

La vérité, c'est que le père de Lou est un père ordinaire, avec des qualités et des défauts, et que ça ne change rien pour elle qu'il soit policier ou chauffeur d'autobus, tant qu'il lui rapporte des donuts pour le dessert.

Vendredi 21 h 49

C'est moi ou Jackson est bizarre...

Juju

Lou

Bah... Pas plus que d'habitude !

LOL !

Juju

Lou : Il y a plein de gens qui n'aiment pas la police. Je suis habituée...

Juju : Qu'est-ce qu'ils font dans la vie, les parents de Jack ?

Lou : Je ne sais pas. Il ne parle pas vraiment d'eux.

Juju : C'est vrai qu'il est mystérieux... Ça doit cacher quelque chose !

Lou : Ben voyons ! Tu vois des mystères partout, toi !

Juju

Je te le dis, Loulou. J'ai un sixième sens pour ça…

Lou

Tu n'as jamais pensé à une carrière de détective ?

Juju

Si je trouve ce qu'il y a de différent chez Jack, j'étudierai pour devenir policière !

Lou

Ha ! Ha ! On verra bien !

Bonne nuit ! xx

Dors bien avec le fantôme du camp !

Juju

Pourquoi tu m'as rappelé ça !!! Je l'avais oublié ! Maintenant, je n'arriverai plus à m'endormir !!!!

Lou

LOL !

CHAPITRE 16

CONVERSATION ENTRE

La légende du camp raconte qu'un enfant s'est perdu dans la forêt et qu'il n'a jamais été retrouvé... Certaines histoires cachent un fond de vérité. Et si c'était le cas de celle-ci? À moins que ce soit plutôt une histoire prémonitoire et que cette légende devienne finalement réalité. Dans les deux cas, c'est très inquiétant!

Vendredi 22 h 10

Hé ! J'entends des bruits dehors... J'ai peur !

Juju

Lou

Juju ! Ça doit être le vent... Dors !

Non ! Ce n'est pas le vent, on dirait des chuchotements. J'ai vraiment peur.

Juju

Jackson

Moi aussi, je les entends !

Juju

Lou

OK ! Arrêtez, là…
Vous essayez de me faire peur, c'est ça ?

Juju

NON ! Lou !!!!! Je te jure que j'entends des chuchotements dehors.

Jackson

Il y a un gars dans ma cabine qui dit que c'est le jeu de nuit.

Juju

Le quoi ?

Jackson

Chaque semaine,
les moniteurs font un grand jeu de nuit ; on ne sait jamais quel jour ce sera. Ils nous réveillent et nous amènent dans le bois.

Juju

Je ne veux pas aller dans le bois en pleine nuit ! Il y a un enfant qui est mort comme ça !!!!

Lou

Je pense que tu as raison, Jack, je viens de reconnaître mon moniteur dehors ! Apportez vos téléphones, ils pourraient nous servir de lampe de poche !

Jackson

Bonne idée !

Juju

Mais je ne veux pas jouer, moi… Vous êtes malades !

Lou

Voyons, Juju, c'est juste un jeu. Et cette histoire de disparition, c'était seulement pour nous faire peur !

Jackson

Juliette, si tu veux, on peut rester ensemble tous les trois…

Vendredi 22 h 15

Juju

Ma monitrice vient de nous faire sortir de la cabine en nous disant qu'il fallait nous cacher dans la forêt parce que des voleurs voulaient s'emparer du trésor du camp !

Jackson

C'est ça, le jeu, Juliette. Il faut retrouver les dix pierres précieuses sans se faire voir des voleurs (les moniteurs !!!!).

Juju

Je sais, mais il fait trop noir dans la forêt, et si je prends mon portable, ils vont tout de suite voir la lumière et me le confisquer… Elle est stupide, cette idée d'apporter nos téléphones.

Je me suis cachée et je ne bouge plus d'ici ! Je ne veux pas jouer à ce jeu.

Jackson

T'es cachée où ?

Juju

Sous le petit pont, près du marais…

Jackson

Ha ! Ha ! Tu n'es même pas encore dans la forêt ! 😂

Juju

Je saiiiiiisss !!!! Et je n'irai pas non plus.

Jackson

Attends-moi, je vais venir te rejoindre.

Juju

OK ! Merci !

Lou... t'es où, toi ? Viens nous rejoindre !

Jackson

Je l'ai vue sortir de sa cabine, mais elle est partie comme une flèche vers la forêt...

Juju

Merci, Lou ! On avait dit qu'on restait ensemble !

Jackson

Ah ! Zut ! Je me suis trompé de chemin...

Excuse-moi si c'est long, Juliette. Je n'y vois presque rien.

Juju

Lou Lessard ! Si tu ne viens pas me rejoindre tout de suite, je ne te parle plus du reste de notre séjour au camp. Ce n'est vraiment pas cool, ce que tu fais.

Ha ! Je sais... Tu dois être en train de bécoter ton beau moniteur.

Jackson

Lou s'intéresse à son moniteur... ?!

Juju

TROP !!!!

Jackson

Il n'est pas un peu vieux ?

Juju

Demande ça à Lou…

Lou… ??!!

Vendredi 22 h 30

Juju

Jackson, ce n'est pas drôle, je pense qu'il est arrivé quelque chose à Lou. Elle nous aurait répondu, sinon.

Jackson

Elle a peut-être juste oublié son téléphone dans sa cabine.

Juju

Oui, tu as peut-être raison...

Vendredi 22 h 45

Juju

C'est long, ton trajet ! Tu arrives ?

Si Lou est en danger, on ne doit pas perdre de temps.

Jackson ?

. . .

OK, j'ai compris : vous me faites une blague, tous les deux, c'est ça ?!

VOUS N'ÊTES PAS DRÔLES !!!!

. . .

Juju

Je vais voir dans la cabine de Lou. Si c'est une blague, je vous jure que vous allez le regretter.

Vendredi 22 h 50

Jackson

Je ne peux plus venir te rejoindre.

CHAPITRE 17

CONVERSATION ENTRE

et

Juju est inquiète.
Ce n'est pas normal que Lou
ne lui réponde pas. Déjà, les pires
scénarios se bousculent dans sa tête.

Et si Lou s'était fait enlever
par le fantôme du camp?
Et si elle s'était fait manger
par un ours dans la forêt?
Et si un loup lui avait demandé
de faire la course jusque chez
sa grand-mère et qu'il était arrivé
en premier pour manger
la vieille femme?

Et si elle avait trouvé une maison
en pain d'épices abritant une sorcière
qui mange les enfants bien dodus?
Lou est peut-être en train
de se faire bouffer par une méchante
à l'heure qu'il est!

Vendredi 22 h 55

OK, Jackson, on ne joue plus, là. Je suis dans la cabine de Lou et son téléphone n'est nulle part. Alors, elle l'a avec elle.

Mais comme elle ne répond pas... IL LUI EST ARRIVÉ QUELQUE CHOSE!

Jackson

Juliette, je m'excuse,
je me suis fait attraper
et emprisonner par
un moniteur (dans le jeu, là).

CHAPITRE 18

CONVERSATION ENTRE

Qu'est-ce qu'il y a de pire
qu'une amie qui disparaît?

Une amie qui ne réapparaît
pas!

Vendredi 22 h 56

Salut !

LOUUUU !!!!!!!

LOU ! T'es vivante !

Je me suis tellement inquiétée pour toi ! Pourquoi tu ne répondais pas ????

Lou

Je ne suis pas Lou : je suis Spoutnik. Et vous n'êtes pas censés avoir votre téléphone.

Juju

Spoutnik ?!

CHAPITRE 19

CONVERSATION ENTRE

Juju

et

Jackson

Il est très important pour Jackson
d'avoir une conduite irréprochable.
Il ne peut pas se permettre de
se faire réprimander, encore moins
de se faire renvoyer du camp.
Mais on dirait qu'il y a de ces personnes
qui attirent les malheurs, comme Jackson.
Même si les filles lui occasionnent
souvent des ennuis, Jackson est
toujours porté à retourner vers elles...
Pourquoi? Pourquoi?
Pourquoi fais-tu ça, Jackson?

Vendredi 22 h 57

Jackson

Merde, Juliette ! Lou s'était fait confisquer son téléphone et, à cause des messages qu'on vient de s'envoyer, les moniteurs savent que nous avons aussi les nôtres !

Je suis quand même soulagée qu'elle n'ait rien !

Juju

Jackson

Oui, mais là, on va peut-être se faire renvoyer du camp !

Juju

Ben voyons ! Relaxe !
Ils ne vont pas nous
mettre à la porte pour ça.
Dans le pire des cas,
ils vont nous confisquer
notre téléphone.

Jackson

Oui, mais Geneviève m'a fait
promettre de bien me
comporter. Je ne veux pas
qu'elle se débarrasse de moi.

Juju

C'est qui, Geneviève ?

Jackson

Laisse tomber ! Il faut
répondre à Spoutnik, là…

CHAPITRE 20

CONVERSATION ENTRE

Juliette avait raison, Jackson a des choses à cacher, mais pour le moment, il y a plus grave à gérer. Car, même si les deux amis croient que Spoutnik a confisqué le téléphone de Lou, il n'en est rien... La réalité est bien plus inquiétante!

Vendredi 22 h 59

Lou

Oui, je suis le moniteur de Lou…

Je viens de retrouver son téléphone par terre.

À quel jeu jouez-vous, là ?

Juju

QUOI ? C'est une blague, ça ?

Jackson

Tu dis ça pour nous faire peur, Spoutnik ! En fait, tu veux nous donner une leçon parce qu'on a apporté nos portables au camp, c'est ça ?

Juju

Mais non, Jackson. Ce n'est pas Spoutnik ; c'est juste Lou qui nous charrie parce qu'elle a un faible pour son beau moniteur !

Lou

Mais de quoi vous parlez ?
Je ne rigole pas, là...
Je viens de trouver le téléphone de votre amie ouvert par terre. Ce n'est ni un jeu ni une blague.
Savez-vous où elle est ?

Juju

Selfie s.v.p. ; sinon, je n'en crois rien !

...

Juju

NON !!!!! PAS VRAI ! Ce n'est pas drôle ! Ça veut dire que Lou est sûrement en danger !

Lou

Est-ce que c'est sérieux, votre histoire, parce que si c'est le cas, je vais siffler la fin du jeu et lancer un message d'alerte !

On ne rigole pas !!!

Juju

Jackson : Juré, c'est sérieux !!!

Lou : Retournez dans vos cabines immédiatement, je m'occupe de tout.

Juju : ATTENDS ! Spoutnik… si le téléphone se referme, tu ne pourras plus l'ouvrir pour nous parler !

Lou : Je vais entrer votre contact dans mon téléphone…

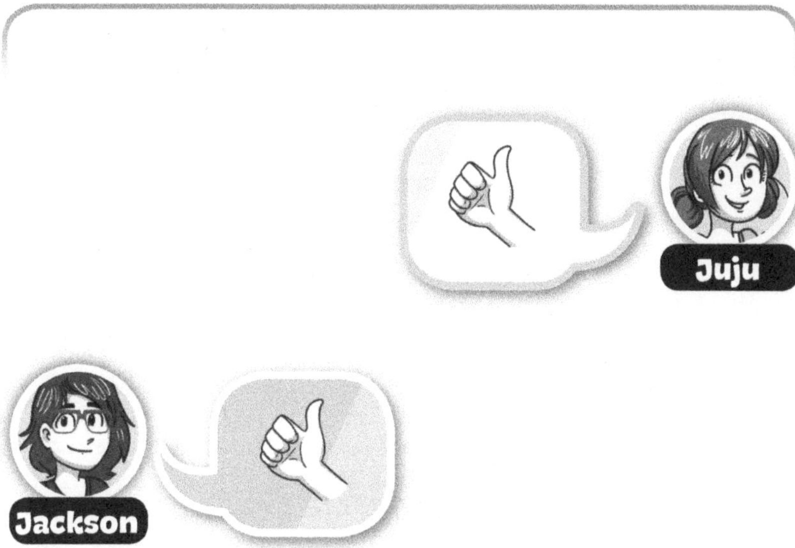
Juju
Jackson

CHAPITRE 21

CONVERSATION ENTRE

Spoutnik siffle trois fois dans son sifflet, ce qui indique aux autres qu'il y a une urgence! Aussitôt, les moniteurs demandent aux jeunes de retourner dans leur cabine. On espère que Lou est seulement cachée dans la forêt et qu'elle rentrera comme il se doit. Entre-temps, Juliette panique et a absolument besoin d'en parler à ses amies… même si elles ne répondront pas.

Vendredi 23 h

Juju

Les filles, j'ai peur ! Lou a disparu ! On a retrouvé son téléphone dans la forêt, mais pas elle ! J'ai peur ! J'ai peur ! J'ai peur !

S'il lui est arrivé quelque chose, je ne sais pas ce que je vais faire.

CHAPITRE 22

CONVERSATION ENTRE

et

Juliette, c'est la peureuse de la bande, celle qui pleurait chaque jour à la maternelle et qui finissait toujours par rentrer chez elle lors des pyjamas partys parce qu'elle s'ennuyait trop. C'est pourtant cette même Juliette qui s'est battue avec une oie pour défendre Lou, attaquée lors d'une sortie à la ferme. C'est aussi elle qui a couru après Louis-Tom en CM1, quand il a pris le vélo de Jade sans le lui demander.

En d'autres mots, Juliette est sous-estimée, c'est une héroïne cachée dans un costume de petite fille à maman. Mais ne lui dites pas ça : elle nierait tout et dirait qu'elle n'avait juste pas le choix. Et pourtant, on a toujours le choix.

Vendredi 23 h 05

Si Lou ne rentre pas dans sa cabine, je te le dis, je pars à sa recherche !

Juju

Jackson

Ce n'est pas une bonne idée… C'est un plan pour qu'on se retrouve avec deux personnes disparues. Toi et Lou.

Juju

Je ne resterai pas ici à rien faire. J'ai pris le poivre de Cayenne en aérosol dans le sac de Lou. Je vais l'emporter et aller chercher mon amie. De toute façon, on restera en contact, alors tu sauras exactement où je suis.

Jackson

Ouais... OK ! Active l'application GPS pour que je puisse te localiser avec mon téléphone !

Juju

Oui, bonne idée !!!!
Mais avant, on va attendre, au cas où elle rentrerait dans sa cabine. Elle a peut-être seulement laissé tomber son téléphone par terre en courant.

Je l'espère !

Moi aussi !!!!

CHAPITRE 23

CONVERSATION ENTRE

Je vous ai dit que Juliette avait plus de caractère qu'elle ne le laissait croire. Mais ce que j'ai oublié de mentionner, c'est que ce n'est pas toujours le cas : il lui arrive aussi de paniquer. Disons qu'elle a l'héroïsme instable.

Vendredi 23 h 15

Spout

Nous venons de vérifier dans la cabine de votre amie et elle n'y est pas. On vous demande de rester à l'intérieur, nous allons la chercher.

Juju

JE PANIQUE, LÀ !

Il faut appeler ses parents !

La police !

Jackson

Mais si vous appelez son père, vous contacterez à la fois ses parents et la police…

Juju

Vraiment pas drôle, Jackson !

Lou s'est peut-être fait manger par un animal sauvage !!! MON DIEU ! ELLE EST MORTE, C'EST CERTAIN !

Spout

Pas de panique ! On va d'abord vérifier que ce n'est pas une mauvaise blague.

CE N'EN EST PAS UNE !

Juju

Spout

Faites-nous confiance, et surtout respectez la consigne : restez dans votre cabine. Est-ce que c'est compris ?

Oui...

Juju

Jackson

Compris.

Je veux être mise au courant de TOUT ce qui se passe. Sinon, je vous le dis, je vais appeler la police moi-même.

Juju

Spout

Calme-toi, Juliette.
Je te promets que je te dirai tout ce qui se passe. Laisse-nous gérer ça, d'accord ? On ne veut pas affoler tous les campeurs et créer une panique générale.

Juju

OK.

Spout

Nous avons réuni tous les moniteurs et nous allons fouiller le site du camp et les abords de la forêt.

Juju

OK, j'attends de vos nouvelles.

CHAPITRE 24

CONVERSATION ENTRE

Juju

et

Jackson

Derrière chaque réaction exagérée se cache une triste raison.

Vendredi 23 h 18

Jackson

Est-ce que tu vas finalement partir à la recherche de Lou avec ton poivre de Cayenne ?

Juju

Hummm… Je vais attendre encore un peu, au cas où les moniteurs la retrouveraient.

Jackson

T'es sûre que ce n'est pas parce que tu as trop peur ?

Juju

Absolument pas, je ne veux juste pas empirer le problème !

Jackson

Peut-être que Lou a fait une fugue et qu'elle ne veut pas être retrouvée.

Juju

T'es malade ! Lou ne ferait JAMAIS ça ! Elle n'est pas conne.

Jackson

Ce n'est pas parce que tu fais une fugue que t'es con.

Juju

Faire une fugue, c'est complètement stupide ! Et les gens qui font des fugues sont stupides !

Jackson

TA GUEULE ! Tu ne sais pas de quoi tu parles.

Juju

Qu'est-ce qui te prend ?

Jackson

T'es vraiment conne, Juliette Delisle !

Juju

Calme-toi ! Je dis juste que Lou n'a pas fait de fugue. Je ne comprends pas pourquoi tu réagis comme ça.

CHAPITRE 25

CONVERSATION ENTRE

Impossible pour Juliette de vivre cette situation sans en faire part à ses amies. La jeune fille ne s'est jamais sentie aussi <u>seule</u> qu'en ce moment. Sauf une fois, peut-être, quand elle s'était enfermée dans la salle de bain d'un restaurant lors de l'anniversaire de Jade et que tout le monde avait quitté l'endroit sans s'apercevoir de son absence. Il faut préciser qu'il y avait plus d'une vingtaine d'invités! La pauvre Juliette avait dû attendre une bonne demi-heure avant qu'on remarque

son absence et qu'on revienne
la chercher. Une minute de plus,
et elle se noyait dans
ses larmes!

Vendredi 23 h 25

Les filles, ça va vraiment mal !
Lou a réellement disparu et
Jackson me traite de conne…
Je ne sais plus quoi faire !
Pourquoi vous n'êtes pas
avec moi ??? 

Répondez, quelqu'un !

Je commence à croire
que Jackson est mêlé à
cette disparition ! Il est
tellement rancunier !

CHAPITRE 26

CONVERSATION ENTRE

Spoutnik joue les moniteurs en parfait contrôle de la situation, mais en réalité il panique grave! Tout le monde est affolé dans le camp. Le directeur refuse d'appeler la police par peur de nuire à la réputation de l'établissement. En plus, des rumeurs au sujet de la présence de fantômes commencent à se propager chez les campeurs et les moniteurs. Une des monitrices a même fait une crise de panique en chuchotant:

«La légende est vraie! La légende est vraie!»

En tant que coordonnateur des moniteurs, Spoutnik arrivera-t-il à garder le contrôle de la situation? Et de ses émotions?

Vendredi 23 h 35

Spout

Nous avons regardé partout. Malheureusement, nous n'avons pas encore de nouvelles de votre amie.

Juju

Est-ce que vous allez appeler la police ?

Spout

Nous allons interroger les filles de sa cabine, et si nous ne trouvons pas plus d'informations, c'est ce que nous ferons.

Juju

Elle ne parlait même pas aux filles de sa cabine. Elles ne sauront rien.

Jackson

Moi, je pense que c'est peut-être une fugue. Avec un père policier, à sa place, je fuguerais.

CHAPITRE 27

CONVERSATION ENTRE

Juju

et

Jackson

Je sais bien que tu te demandes pourquoi Jackson déteste autant la police. Je me pose exactement la même question. Espérons que la détective Juliette arrivera à le faire parler.

Vendredi 23 h 36

Juju

Ça suffit, Jackson ! Qu'est-ce que tu as contre les policiers ? Et pourquoi tu t'énerves toujours comme ça, sans raison ? C'est quoi, ton problème ?

Jackson

C'est vous, mon problème.

Juju

C'est n'importe quoi !

Je t'ai observé, tu sais. Et je sais que tu caches des choses. On dirait que tu essaies de nous faire payer pour ça. Mais nous ne sommes pas responsables de tes malheurs... Même qu'on voudrait bien t'aider, si tu nous en parlais !

Ça se peut que Lou soit morte, à l'heure qu'il est ; alors, à moins que ton problème soit pire que la mort, ça serait bien que tu nous aides, au lieu de dire n'importe quoi. À moins que tu aies quelque chose à te reprocher ?

Jackson

Non ! Je n'ai rien à me reprocher. Pourquoi tu dis ça ?

Juju

Je ne sais pas… une intuition. Ça ne serait pas la première fois que tu t'en prendrais à nous !

Jackson

OK, sérieux, Juliette, je te jure que je n'ai rien à voir avec la disparition de Lou.

Juju

T'es vraiment agressif, pour un gars qui n'a rien à se reprocher. On dirait que tu veux qu'on pense que Lou a fugué, juste pour ne pas te faire accuser !

Jackson

ARRÊTE, Juliette. Je ne disais pas ça pour ça... JE LE JURE ! Ne m'accuse pas d'une chose que je n'ai pas faite.

Juju

Pour que je puisse te croire, tu dois m'expliquer tes réactions... Sinon, je vais te dénoncer aux moniteurs.

Jackson

T'es malade ! NON, fais pas ça !

Juju

Si tu ne veux pas que je le fasse, tu sais quoi faire...

CHAPITRE 28

CONVERSATION ENTRE

Le propriétaire du camp espère qu'il n'aura pas à contacter la police pour l'informer de cette disparition. Ce serait évidemment très mauvais pour la réputation du camp. Il voit déjà son chiffre d'affaires baisser l'an prochain. En fait, il ne s'inquiète pas vraiment pour la petite campeuse perdue… c'est un homme d'affaires sans cœur! Heureusement que Spoutnik est différent de lui!

Vendredi 23 h 45

Spout

T'avais raison, Juliette : les filles de la cabine ne savaient rien. On va maintenant appeler la police. Je dois malheureusement sonner l'état d'alerte. Nous allons rassembler tous les campeurs dans le chalet principal. Venez m'y rejoindre, j'aimerais vous parler face à face.

Jackson

On n'a rien fait ! On n'y est pour rien !

Juju

CHAPITRE 29

CONVERSATION ENTRE

Juju

et

Jackson

Les soupçons de Juliette
commencent à se porter sur Jackson.
Si j'étais lui, j'arrêterais de la provoquer,
car elle ne lâchera pas le morceau
tant et aussi longtemps qu'elle ne sera
pas convaincue que Jackson
lui dit la vérité.

Vendredi 23 h 46

OK, Juliette, arrête ça :
tu ne dois pas m'accuser.
Sinon, ça pourrait aller très mal pour moi. Je vais tout te raconter sur moi,
mais pitié, arrête de croire que je suis responsable de cette disparition.

Explique, et je verrai après !

CHAPITRE 30

CONVERSATION ENTRE

Apprendre qu'une de nos amies a disparu, c'est totalement irréel. On le sait, on le dit, mais on ne le comprend pas vraiment. On a l'impression que tout ça n'est pas vrai et que tout reviendra à la normale, comme par magie. Mais la réalité est rarement magique!

Vendredi 23 h 46

Juju

Ça y est, les filles… c'est officiel, Lou a réellement disparu ! Les moniteurs vont appeler la police !

J'ai forcé Jackson à tout me dire sur lui pour que je puisse comprendre ses réactions bizarres. S'il ne le fait pas, je lui ai dit que j'allais l'accuser d'être impliqué dans la disparition de Lou.

Il est actuellement en train de m'écrire.

J'espère vraiment que ses explications vont être convaincantes ; sinon, il est foutu.

J'aimerais tellement qu'une d'entre vous me réponde !!!

Vous imaginez, si on ne retrouve jamais Lou ? En plus, c'était mon idée de venir à ce camp... C'est de ma faute, ce qui arrive ! 

Juju

CHAPITRE 31

CONVERSATION ENTRE

C'est l'heure de vérité.

Juliette a trouvé la façon de faire parler Jackson. Tu vas maintenant tout savoir sur lui, sa vie et ses secrets.

Vendredi 23 h 49

Jackson

Tu avais raison de dire que j'avais quelque chose de différent. J'ai changé de famille. Je vis maintenant dans une famille d'accueil avec mes frères. Mon père est en prison et ma mère n'était pas capable de s'occuper de nous. Tout allait mal dans ma vie. Mais depuis que j'habite avec Geneviève et Xavier, tout va beaucoup mieux, et je ne veux pas qu'ils me mettent à la porte.

Si ça arrive, on va devoir me trouver une autre famille d'accueil et je serai séparé de mes frères.

Je n'aime pas les policiers parce qu'ils retiennent mon père en prison.

Je me suis énervé avec l'histoire de la fugue parce que ma mère a fugué quand elle avait quinze ans. Je sais que ce n'est pas la bonne chose à faire, mais je n'ai pas aimé que tu dises que tous ceux qui fuguent sont cons. Ma mère n'est pas conne !

Je voudrais juste avoir une famille normale, tu comprends ?

Jackson

Mais ça n'arrivera jamais !

Juju

OMG, Jackson, je suis vraiment désolée.

Je ne sais plus quoi dire...

Jackson

Arrête de m'accuser et ce sera déjà bien !

Juju

C'est sûr que je ne vais plus t'accuser. Je comprends mieux maintenant pourquoi tu es... comme tu es.

Jackson

Con…

Bizarre…

Juju

Non, juste différent.

Mais ce n'est pas un défaut.

Jackson

Différent de qui ??

Juju

Ben… des autres.

Jackson

Et les autres, ils sont tous pareils ?

Juju

Hiii ! Non ! Personne n'est pareil...

Jackson

Alors, finalement, je suis normal ?

Juju

Ha ! Ha ! Bien vu !

Jackson

Promets-moi que tu ne vas pas en parler...

Juju

Promis. Mais moi, je pense que tu devrais le dire aux autres. Ils te comprendraient mieux. C'est plus facile d'être ami avec les gens qu'on comprend.

Jackson

Est-ce que ça veut dire que t'es mon amie, ça ?

Juju

Si tu n'as pas tué Lou, oui, je vais être ton amie !

Jackson

Alors, on est amis ! En parlant de Lou... Nous devons aller dans le chalet principal.

Juju : Vas-y sans moi.

Jackson : Pourquoi ?

Juju : Je pars à la recherche de Lou.

Jackson : Tu devrais laisser les policiers faire leur travail !

Juju : Depuis quand tu les aimes, eux ?

Jackson : Je suis sérieux, Juliette. Ne va pas dans la forêt toute seule.

Alors, viens avec moi !

Juju

CHAPITRE 32

CONVERSATION ENTRE

Ça y est, la vraie Juliette est là! La superhéroïne va bientôt sortir son costume et son masque!

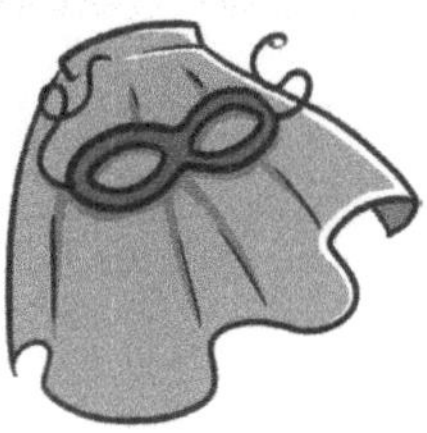

Et si tu te demandes pourquoi le père de Jackson est en prison, je peux te dire que c'est pour une question de fraude. Disons qu'il n'a pas payé sa part au gouvernement... et qu'il a tenté de voler l'argent de notre pays. Oui, on peut aller en prison pour ça!

Samedi 0 h

Juju

Salut, les filles ! Je dois vous dire qu'il n'est pas question pour moi de rester là à ne rien faire, alors que Lou est peut-être en danger. Je vais partir dans la forêt pour la retrouver. Si vous cliquez sur cette application, vous pourrez localiser mon téléphone et me suivre en tout temps. Impossible de me perdre !

Souhaitez-moi bonne chance !

RIVIÈRE AU HÉRON
Localiser Juliette
CAMP

CHAPITRE 33

CONVERSATION ENTRE

Juju

et

Papa

Si Juliette texte son père, et non sa mère, c'est qu'elle sait que ce dernier ne verra probablement pas son message avant que cette histoire soit terminée. Si elle avait texté sa mère, celle-ci aurait lu le message dès qu'elle l'aurait reçu, se serait inquiétée et aurait aussitôt débarqué au camp. Et tout ça n'aurait rien changé à la situation et n'aurait pas aidé Lou. Alors, il vaut mieux ne pas inquiéter la mère de Juliette pour le moment.

Samedi 0 h 01

Juju

Salut, papa ! Il y a un gros problème, ici, au camp. Lou a disparu ! Elle est sortie de sa cabine il y a quelques heures et, depuis, nous ne l'avons plus revue. Les moniteurs viennent de lancer une alerte générale. Je refuse de rester là à ne rien faire. Alors, je dois te dire que je pars à sa recherche.

Je t'aime.

Ta petite puce ❤

CHAPITRE 34

CONVERSATION ENTRE

Juju

et

Jackson

Jackson est un garçon avec beaucoup de secrets. C'est d'ailleurs ce qui fait de lui une personne si mystérieuse. Certains diront bizarre, mais c'est qu'ils ne sont pas très observateurs. Juliette, elle, est une bonne observatrice.

Quoique...

il lui arrive parfois de ne pas voir des signes assez évidents.

Samedi 0 h 01

Jackson

Ce n'est pas une bonne idée, Juliette !

Il va t'arriver malheur !

Tu pourrais te faire manger par une bête sauvage !

Tu ne reverras jamais tes parents...

Tes amies... 

Moi...

Tu pourrais… Bon, OK !
J'arrive, attends-moi !

CHAPITRE 35

CONVERSATION ENTRE

L'an dernier, Spoutnik a organisé une randonnée en kayak avec des campeurs. Mais voilà qu'après trente minutes sur la rivière, le vent s'est levé. Un vent qui annonçait un orage. Pourtant, la météo n'avait pas du tout prévu ce temps; sinon, Spoutnik ne serait pas parti. (C'est qu'il n'est pas que beau, ce moniteur: il est aussi prudent!) Aucun jeune n'était capable de maîtriser son kayak, et il était devenu impossible d'avancer.

Alors, le moniteur a sorti une corde, a rassemblé toutes les embarcations et a ramé jusqu'au rivage. En moins de dix minutes, il avait construit un abri pour protéger tout son groupe. Quand la pluie s'est mise à tomber, tous les campeurs étaient au sec grâce à Spoutnik, qui leur racontait des histoires drôles pour les rassurer. Tout cela n'a rien à voir avec ce qui se passe pour le moment, mais avoue que tu aimes de plus en plus Spoutnik, toi aussi!

Samedi 0 h 10

Où êtes-vous ?
Tout le monde est arrivé dans le chalet principal, excepté vous !

CHAPITRE 35

CONVERSATION ENTRE

L'an dernier, Spoutnik a organisé une randonnée en kayak avec des campeurs. Mais voilà qu'après trente minutes sur la rivière, le vent s'est levé. Un vent qui annonçait un orage. Pourtant, la météo n'avait pas du tout prévu ce temps; sinon, Spoutnik ne serait pas parti. (C'est qu'il n'est pas que beau, ce moniteur: il est aussi prudent!) Aucun jeune n'était capable de maîtriser son kayak, et il était devenu impossible d'avancer.

Alors, le moniteur a sorti une corde, a rassemblé toutes les embarcations et a ramé jusqu'au rivage. En moins de dix minutes, il avait construit un abri pour protéger tout son groupe. Quand la pluie s'est mise à tomber, tous les campeurs étaient au sec grâce à Spoutnik, qui leur racontait des histoires drôles pour les rassurer. Tout cela n'a rien à voir avec ce qui se passe pour le moment, mais avoue que tu aimes de plus en plus Spoutnik, toi aussi!

Samedi 0 h 10

Spout

Où êtes-vous ?
Tout le monde est arrivé dans le chalet principal, excepté vous !

Désolée, Spoutnik. Je ne pouvais pas rester là à ne rien faire. Je suis partie chercher mon amie.

Et moi, je ne voulais pas laisser Juliette toute seule dans la forêt, alors je suis parti avec elle.

VOUS ÊTES MALADES !

Revenez au chalet tout de suite !

Juju

Désolée, mais non…

Spout

Je vais devoir contacter vos parents, dans ce cas.

Jackson

Alors, n'oublie pas de préciser que nous sommes à la recherche d'une amie perdue et probablement en danger, et que notre bravoure est remarquable.

…

Spout

Bon. Je vois que vous refusez de revenir, alors c'est moi qui irai à vous !

Juju

Nous ne reviendrons pas avec toi tant que nous n'aurons pas retrouvé Lou.

Spout

Je resterai donc avec vous tant et aussi longtemps que nous n'aurons pas retrouvé votre amie.

Jackson

Sérieux ?

Spout

Parole de scout !

Juju

C'est quoi, une parole de scout ?

Spout

Ha ! Ha ! Laissez tomber...

Juju

Tiens, active cette application et tu pourras nous retrouver.

OK, j'arrive. Attendez-moi avant d'aller plus loin.

CHAPITRE 36

CONVERSATION ENTRE

Juju

et

Jade

Est-ce que tu sais ce que c'est d'être à des milliers de kilomètres de ses amis, dans un autre pays, sur un autre continent, et d'apprendre que ta BFF a disparu? Évidemment, que tu ne le sais pas! Ça ne t'est sûrement JAMAIS arrivé! Comment te décrire ça pour que tu comprennes bien... T'as déjà fait du vélo? T'as déjà vu un train? Alors, imagine-toi en train de pédaler sur ton vélo devant ce train en marche. PLUS VITE! Il va t'écrabouiller! PÉDALE!

Tu trouves ça paniquant?
Eh bien, ce n'est rien en comparaison avec ce que Jade vit pour le moment!
RIEN!

Samedi 0 h 10

Jade

JUJU ! Je viens de lire tes messages !!!! JE PANIQUE ! Lou a réellement disparu ? Ben voyons ! IMPOSSIBLE ! Dis-moi que c'est une mauvaise blague ?

Ce n'est malheureusement pas une blague !

Juju

Jade

Et toi, où es-tu, là ?

Juju

Dans la forêt ! Jackson est à côté de moi, on attend un moniteur qui va venir nous aider à la retrouver.

Jade

Si Lou est morte, je ne m'en remettrai jamais !

Juju

Moi non plus !

Jade

Mais là… tu as bien dit que Jackson t'aidait à la chercher ?

Oui…

Juju

Jade

Mais tu as écrit que tu le soupçonnais d'avoir un rapport avec la disparition de Lou ?

Je me suis trompée. Il n'a rien à voir là-dedans.

Juju

Jade

T'es certaine, là ? Parce que tu es seule dans la forêt avec lui…

Juju

Je ne te comprends plus, Jade. C'est toi qui disais qu'on pouvait lui faire confiance et là, tu me dis le contraire !

Jade

Non ! Je ne dis pas qu'il est dangereux, c'est juste que là, je ne suis plus certaine de rien.

Juju

Eh bien, moi, je suis certaine que Jackson n'est pas dangereux !

Jade

Ben oui, t'as raison. Je pense que je panique, là.

On entend des craquements dans la forêt...

Juju

Jade

Est-ce que tu penses que c'est Lou ?

Je ne sais pas. On ne voit rien, il fait trop noir. C'est la nuit, ici !

Juju

CHAPITRE 37

CONVERSATION ENTRE

Qu'est-ce qui est pire que d'être perdus au milieu d'une forêt en pleine nuit et d'entendre des craquements tout près de vous sans savoir ce que c'est? Être perdus au milieu d'une forêt en pleine nuit et entendre des craquements tout près de vous en sachant très bien qu'ils indiquent la présence d'une bête sauvage affamée!

Samedi 0 h 11

Juju

Spoutnik, on entend des craquements dans la forêt, est-ce que c'est toi qui approches ?

Spout

Je ne sais pas, le téléphone n'a presque pas de signal. Il n'arrête pas de réinitialiser votre position. Je ne vous trouve pas.

Juju

Fais un bruit, je vais te dire si on t'entend.

Spout

OK ! Bonne idée !

Oui ! On a entendu ton grognement, nous sommes tout près de toi, continue d'avancer.

Juju

Je n'ai pas fait de grognement, j'ai sifflé.

Spout

Hiiiiii ! Alors, qui a grogné ?

Juju

Je ne sais pas, mais ne restez pas là ! SAUVEZ-VOUS IMMÉDIATEMENT !

Spout

CHAPITRE 38

CONVERSATION ENTRE

Juju

et

Jackson

Juliette et Jackson filent à toute vitesse dans la forêt, sans vraiment regarder où ils vont! Tout ce qui leur importe, c'est de s'éloigner de cette bête qui doit probablement les poursuivre, la bave à la gueule. Puis, Jackson a une idée. Il crie à Juju qu'ils doivent se séparer. Ainsi, la bête aura à choisir entre l'un des deux, et il y en aura au moins un qui sera sauvé.
La question est: qui sera dévoré vivant?
Après sa course folle, Jackson prend des nouvelles de son amie.

S'il la texte, c'est qu'il n'est pas mort, forcément. Alors que Juliette...

Samedi 0 h 20

Jackson

Juliette ??? Est-ce que tu vas bien ?

Je me suis abrité sous un arbre cassé. Je pense que c'est moi que la bête a poursuivi, mais je l'ai semée.

Dis-moi où tu es et je vais venir te rejoindre.

Juliette ??

CHAPITRE 39

CONVERSATION ENTRE

À mon avis, quand Rébecca reviendra de camping, elle va halluciner! Tu imagines la tonne de messages qu'elle va recevoir? Et comme c'est parti, c'est possible qu'une seule de ses amies soit encore vivante... Ça, c'est si l'avion de Jade ne s'écrase pas lorsqu'elle reviendra d'Europe pour les funérailles de Lou et de Juliette. En supposant qu'elles soient mortes, bien sûr. Car, pour le moment, on n'en sait rien...

Samedi 0 h 20

Jade

Juju, est-ce que tout va bien ? C'était quoi, finalement, ces craquements dans la forêt ?

...

Samedi 0 h 25

Jade

JUJU !!!!!! MON DIEU !
IL T'EST ARRIVÉ QUELQUE CHOSE À TOI AUSSI !
C'EST UN CAUCHEMAR !

CHAPITRE 40

CONVERSATION ENTRE

Juju

et

Jackson

Je ne sais pas ce que
tu en penses, mais il me semble
que ce serait bien que Juliette réponde,
cette fois. Sinon, cette histoire
risque fort de devenir
une tragédie!

Samedi 0 h 26

OK, Juju. Sérieux, tu dois me répondre. Je m'en veux, j'aurais dû te défendre. J'aurais dû affronter la bête sauvage. Je venais tout juste de gagner ton amitié… Pourquoi est-ce que je perds tout ? POURQUOI ?

Tu étais une fille géniale, Juliette. La plus jolie des quatre. La plus gentille, aussi…

…

Tu ne l'as jamais remarqué, mais je te regardais souvent, à l'école. Toi, tu ne me regardais pas. Mais ça ne me dérangeait pas. Ça faisait même mon affaire : comme ça, je pouvais te fixer plus longtemps.

Je suis tellement désolé de ne pas avoir eu la chance de te connaître plus.

Merci pour les compliments, Jack !

Juju

JUJU ?! T'es vivante ??!!

Jackson

Et tu viens de lire tous mes textos...

Et là, c'est moi qui souhaiterais être dévoré vivant !

LOL ! Ne t'en fais pas. Sous le coup de l'émotion, on dit souvent un peu n'importe quoi !

Juju

Jackson

T'as raison. C'était vraiment N'IMPORTE QUOI !

Juju

Je n'ai pas été suivie par la bête. Mais là, mauvaise nouvelle : je ne sais plus du tout où je suis.

Jackson

Moi non plus.

Crie, je vais voir si je t'entends.

Juju

OK.

Juju

Et alors ?

Jackson

Non, je n'entends rien.

Juju

Jackson

Ne t'en fais pas, je vais te retrouver.

Juju

Je vois un truc blanc dans la nuit, est-ce que c'est toi ?

Non, je ne suis pas habillé en blanc. Et si j'avais été si près, je t'aurais entendue crier.

Alors, je ne sais pas ce que c'est... J'ai peur !

C'est peut-être un loup ! Ne bouge pas, pour ne pas attirer son attention.

Ça n'a pas l'air d'être un loup. On dirait que ça ne touche pas à terre...

Jackson

Une chouette ?

Juju

C'est plus gros qu'une chouette. On dirait plutôt... UN FANTÔME ! Je suis certaine que c'est le fantôme du campeur qu'on n'a jamais retrouvé. Sauve qui peut !

Jackson

Juliette ! Calme-toi ! Tu dis n'importe quoi, là...

Juliette ?

Juju ?

CHAPITRE 41

CONVERSATION ENTRE

Cette histoire a commencé par
une légende de fantôme qui hante
le camp, mais si ça continue,
cette légende deviendra plutôt celle de
trois fantômes : celui de Lou, de
Juliette et de Jackson !
Tu imagines le scandale pour le camp !
Je crois que le propriétaire devra
fermer tout de suite : c'est sûr
que plus personne ne voudra
aller passer l'été là !

Samedi 0 h 30

Spout

Rassurez-moi et dites-moi que vous êtes encore en vie...

Jackson

En ce qui me concerne, je peux te rassurer, Spoutnik. Mais je ne peux pas en dire autant de Juliette...

Spout

Comment ça ??

Jackson

Nous nous sommes séparés dans notre course pour échapper à une supposée bête sauvage, et là, Juliette vient de me texter pour me dire qu'elle a vu un fantôme !

Spout

Un fantôme ?

Jackson

Oui, le fantôme du campeur qui a disparu. Celui qu'il y avait dans l'histoire qu'Agrippine a racontée autour du feu.

Spout

Sérieux ?

OK ! Je dois avouer que je ne sais plus quoi faire, là !

Jackson

Tu crois à cette histoire, toi ?

Spout

Je n'y avais jamais cru avant ce soir... Mais là, j'avoue que je ne sais plus quoi penser.

Jackson

Qu'est-ce qu'on fait ?

Spout

J'ai entendu les policiers arriver au camp ; je crois que je vais y retourner pour leur donner les dernières informations. Cette histoire devient une vraie histoire d'horreur !

Jackson

Et moi ?

Spout

Toi, TU NE BOUGES PAS.
Je vais leur dire qu'il y a trois enfants perdus dans les bois et ils vont venir te chercher.

Jackson

T'es sûr ?

Spout

Je suis certain.

Juju : Hé, les gars, je suis vivante !

Jackson : JULIETTE !!!!!

Spout :

Jackson : Juliette, peux-tu nous expliquer ce qui se passe ?

Juju : Oui… mais j'ai une bonne et une mauvaise nouvelle.

Jackson

Je ne vois pas quelle nouvelle pourrait être plus mauvaise encore que la disparition de Lou !
À moins que tu sois morte… et que ce soit ton fantôme qui nous écrive ? ?!!

Juju

LOL ! Je ne suis pas morte !

Jackson

Ça, c'était la bonne nouvelle ?

Juju

LOL ! NON ! Je n'ai pas encore dit ma bonne nouvelle…

Jackson : ALORS, VAS-Y !

Juju : La bonne nouvelle, c'est que j'ai retrouvé Lou !

Spout : QUOI ??? Mais ce n'est pas une bonne nouvelle ; c'est une SUPER bonne nouvelle ! 😁

Jackson : T'es trop forte, Juju ! La meilleure, c'est certain !

Juju

Ouais… mais j'ai aussi dit que j'avais une mauvaise nouvelle.

Jackson

Elle est morte ?

Juju

BEN NON, VOYONS !
Ça, ce serait une SUPER mauvaise nouvelle !

Jackson

Mais alors, DIS-LE !
C'est quoi, ta mauvaise nouvelle ?

Juju

Nous sommes au fond d'un trou… dont il est impossible de sortir. Et Lou a la jambe cassée. Elle ne sait pas trop ce qui s'est passé, je pense qu'elle a dû perdre connaissance pendant un moment, parce qu'elle n'a pas de souvenir.

Jackson

QUOI ? Mais vous êtes où ??

Spout

Un instant… une chose à la fois.

Premièrement, comment sais-tu que sa jambe est cassée ?

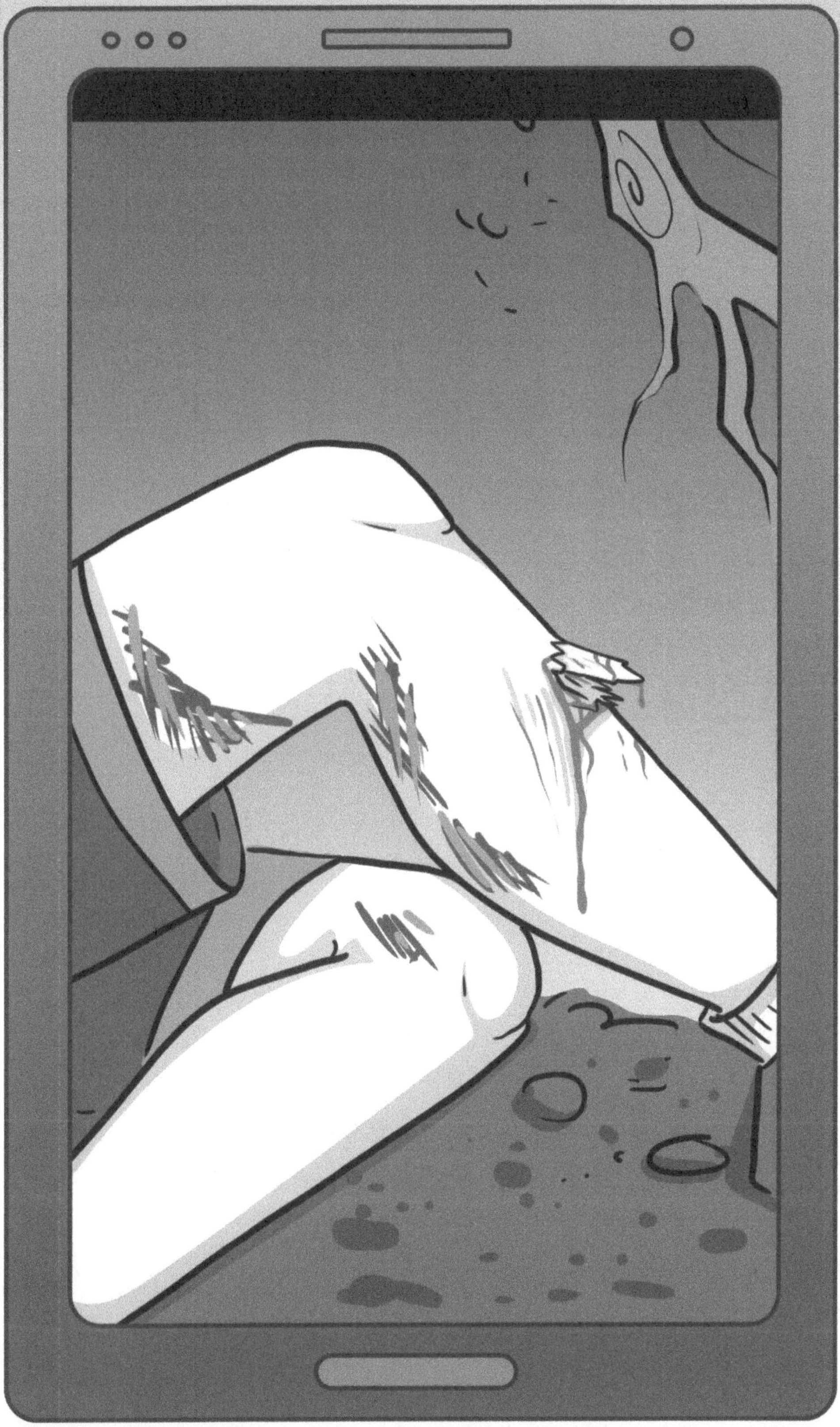

Juju
Je ne sais pas... mon petit doigt me l'a dit !

Jackson

Spout
OMG ! Est-ce que ça saigne encore ?

Juju
Non, ça ne saigne plus.

Spout
OK, bonne chose. Maintenant, explique-moi ton histoire de trou.

Je courais, quand tout à coup le sol s'est effondré sous mes pieds. Et là, j'ai glissé. Je ne sais pas trop comment, mais j'ai atterri ici. C'est une espèce de caverne avec beaucoup de boue et de roche.

Bon, écoutez-moi bien ! Je pars avec ces informations et je retourne au camp pour en informer les policiers. Personne ne bouge d'où il est.

CHAPITRE 42

CONVERSATION ENTRE

Juju

et

Papa

Qui sont les meilleures personnes pour nous aider quand tout va mal? Papa et maman, bien entendu! Comme Juliette a perdu espoir d'être secourue rapidement, elle veut maintenant informer son père ET sa mère de la situation. Car à cette heure, tout indique qu'elle n'est pas sortie du bois... ni du trou!

Samedi 0 h 40

Juju

Salut, papa ! Je t'écris parce que tout va vraiment très mal. En voulant chercher Lou dans la forêt, je me suis perdue et je suis tombée dans un trou. Maintenant, je suis prisonnière et incapable de sortir d'ici. Personne ne sait exactement où je suis. Le réseau n'est pas super bon et l'application pour repérer mon téléphone ne fonctionne pas !

Mais, bonne nouvelle : j'ai retrouvé Lou !

Mais, mauvaise nouvelle : elle a la jambe cassée et elle souffre énormément.

Je pense que je vais texter maman, maintenant… J'ai besoin de vous !

CHAPITRE 43

CONVERSATION ENTRE

Juju

et

Maman

Pauvre Juju!
Elle qui avait un peu peur
d'aller au camp, car elle craignait que
sa mère et son chien lui manquent...
Maintenant, toute sa famille lui
manque, même sa sœur!

Samedi 0 h 45

Juju

Salut, maman ! Je ne sais pas par où commencer…

Alors, je vais aller direct au but : À L'AIDE !

Je suis perdue dans la forêt avec Lou qui a la jambe cassée !

Ce n'est pas une blague !

CHAPITRE 44

CONVERSATION ENTRE

Je ne sais pas pourquoi tout le monde pense qu'il peut s'agir d'une blague, car, honnêtement, il faudrait être complètement stupide pour faire une pareille plaisanterie. Sérieusement... Interchanger le sucre et le sel, c'est une blague. Emballer une boîte vide à Noël, c'est une blague. Écraser un gâteau d'anniversaire dans le visage de son frère, c'est une blague... Mais, disparaître en pleine nuit dans la forêt, CE N'EST PAS UNE BLAGUE!

Samedi 0 h 46

Jade

OK… Les filles, dites-moi que tout ça n'est qu'une blague. Je panique, je vais appeler mes parents pour leur dire que je veux rentrer au Canada MAINTENANT ! Je viens de perdre deux amies !!!!

Juju

Jade ! Calme-toi !
Je suis encore vivante et, bonne nouvelle, j'ai retrouvé Lou, qui est vivante elle aussi !

Jade

HAAAAAAAAAAAA !!!!
FIIIOUUUUUUFFFFF !!!!!

Juju : Mais on ne va pas super bien. Nous sommes coincées au fond d'un trou, et Lou a la jambe cassée.

Jade : QUOI ?

Juju : Mais ne t'en fais pas, quelqu'un va venir nous sauver…

Jade : Qui ça, « quelqu'un » ? Pas Jackson, j'espère !??

Juju : Ho ! Mais quelle bonne idée ! Merci, Jade ! Je te redonne des nouvelles plus tard !

Jade

Quoi ? NON ! Attends !

CHAPITRE 45

CONVERSATION ENTRE

Juju

et

Jackson

Beaucoup de héros n'étaient que des gens ordinaires avant leur premier sauvetage. Il suffit parfois d'un petit geste héroïque pour passer de zéro à

héros !

Samedi 0 h 46

Juju : Jackson ! C'est ta chance !

Jackson : Ma chance de quoi ?

Juju : De profiter du fait que Lou et moi sommes en danger !

Jackson : ??

Juju : Tu veux prouver à ta famille d'accueil que tu es un bon gars ? Tu veux qu'on arrête de te trouver bizarre (les autres, pas moi) ? 😉

Jackson

Ouais…

Alors, viens nous sauver !

Juju

Jackson

Ben oui ! Bonne idée ! Ça va être super facile, en plus ! Je n'ai qu'à chercher un trou noir dans la nuit noire dans une forêt noire que je ne connais pas, remplie de fantômes et de bêtes sauvages !

Juju

En fait, je pense que j'ai paniqué tout à l'heure et que ce n'était pas un fantôme...

Jackson

C'était quoi, alors ?

Juju

Ça avait plus l'air d'un drapeau.

Jackson

Un drapeau, tu dis ?

Juju

Ouais... Je ne sais pas ce qu'un drapeau faisait dans la forêt, par contre...

Jackson

Moi, je le sais !

Juju

Ah oui ?

Jackson

C'était pour le jeu !
Les drapeaux délimitaient l'espace de jeu. Ça veut dire que vous n'êtes pas si loin que ça.

Juju

Cool ! C'est une super bonne nouvelle !
Et sur l'application pour me retrouver, est-ce que tu me vois ?

Jackson

Non... Elle est nulle, cette application, finalement.

Juju

Oui... C'est ce que je me suis dit, moi aussi.

Jackson

Mais, bonne nouvelle, je suis capable de me repérer dans la forêt avec une autre application de boussole. Je sais maintenant où se trouve le camp par rapport à ma position. Je pense que je serai capable de retrouver les drapeaux.

Juju

Sérieux, si tu fais ça, tu vas être mon héros !

Jackson

Sérieux ? Prépare
la fête, j'arrive, Juju !

CHAPITRE 46

CONVERSATION ENTRE

Juju

et

Papa

Un jour, Juliette a lu un livre dans lequel une personne se blessait; après quoi, sa blessure s'infectait et, résultat: la personne mourait d'une infection! Lire nous rend plus intelligent... mais parfois, être intelligent, ça peut être stressant!

Samedi 0 h 55

Salut, papa. Je commence à avoir peur. Je ne veux pas le dire à Lou pour ne pas la faire paniquer, mais je crois que sa jambe pourrait s'infecter. Jackson pense être capable de nous retrouver, mais pour être honnête, j'ai vraiment peur de mourir dans ce trou !

Juju

Je pense très fort à toi ! Tu es la personne la plus courageuse que je connaisse, et ça me donne du courage de penser à toi.

Je t'aime !

Ta petite puce !

CHAPITRE 47

CONVERSATION ENTRE

et

La mère de Juliette a lu une étude qui dit qu'une personne qui dort avec son téléphone est plus à risque de souffrir de troubles du sommeil. Et la mère de Juliette n'est pas le genre de femme qui aime prendre des risques!

Samedi 0 h 55

Juju

Allô, maman ! Pourquoi tu ne me réponds pas ?

Lou vient de me faire penser que nous sommes en pleine nuit… Tu dois dormir !

Pourquoi fermes-tu ton téléphone la nuit !!???

CHAPITRE 48

CONVERSATION ENTRE

Quand Jackson était plus jeune, son enseignante lui a demandé d'inventer un acrostiche avec son nom. Voici ce que le garçon a écrit :

J : Juteux
A : Assommé
C : Cerné
K : Kaléidoscopique
S : Suant
O : Obtus
N : Nasal

Jackson n'a jamais été doué pour voir sa vraie valeur... ou pour la poésie !

Samedi 0 h 59

Jackson

Spoutnik, as-tu prévenu la police ?

Juju

Jackson, tu ne devineras jamais ce qui vient de se passer…

Lou

Salut, Jack ! J'ai retrouvé mon téléphone !

Jackson

HEIN ? Je ne comprends pas…

Juju

Jackson

Vous m'avez fait une blague ?

Juju

NON ! Je ris, mais, en réalité, ce n'est pas du tout drôle…

Jackson

Je ne comprends pas.

Lou

Spoutnik est tombé dans le même trou que nous…

Jackson

NONNNN !!!!

Juju

Oui ! LOL ! 😂

Jackson

Pourquoi est-ce que je suis le seul à ne pas être tombé dans ce trou ???

Juju

Idiot !

Lou

Ça veut dire qu'il n'y a que toi qui peux nous sauver !! Et dépêche-toi, parce que ma jambe me fait TRÈS mal !

Spout

Jackson, je peux t'aider, si tu veux... Je peux te donner des trucs pour te déplacer en forêt.

Jackson

Bof… non, je crois que ça va aller. Si vous êtes tous tombés dans ce maudit trou, je vais bien finir par le trouver moi aussi !

CHAPITRE 49

CONVERSATION ENTRE

Juju

et

Rosalie

Rosalie, la grande sœur de Juliette, est une adolescente très engagée et très occupée. À son école, parmi tous les élèves de son degré, elle est celle qui est le plus souvent de bonne humeur. Mais à la maison... ouf! Elle a comme deux personnalités. Pourquoi? On ne le sait pas; d'ailleurs, Rosalie non plus n'en sait rien. C'est plus fort qu'elle. Dès qu'elle met le pied dans la maison, c'est comme s'il n'y avait pas assez d'air pour tout le monde et qu'elle en manquait.

Samedi 1 h

Juju

Ma sœur, je t'écris parce que ça va mal !

Je suis tombée dans un trou, dans la forêt... J'essaie de joindre maman, mais son téléphone est fermé. Je ne sais plus quoi faire.

Je t'écris en espérant que tu n'as pas fermé ton téléphone avant d'aller au lit...

Rosalie

QUOI ? Tu rigoles, là ?

Juju

HAA !!!! Rosalie ! Je suis TELLEMENT CONTENTE de te parler !

Je ne rigole pas !

Rosalie

Est-ce que quelqu'un sait où tu es… ???

Juju

Je viens de te le dire : je suis dans la forêt… et ça, tout le monde le sait !

Rosalie

Je veux dire, le trou : est-ce que quelqu'un sait où est ce trou, et que tu es tombée dedans ?

Juju

Lou et son moniteur le savent, mais ils sont eux aussi dans le trou ! Jackson le sait aussi, mais il est perdu dans la forêt.

Rosalie

Tu es vraiment dans la merde, ma sœur !!!!!! 😬

Juju

JE SAIS ! C'est pour ça que tu dois réveiller maman !

Rosalie

Mais c'est déjà fait, qu'est-ce que tu penses ! Et nous sommes en route pour le camp !

Juju

QUOI ? DÉJÀ ? Et toi aussi ?

Rosalie
Mais oui ! Qu'est-ce que tu penses !

Juju
Merci, Rosie... Je suis tellement soulagée de savoir que vous arrivez.

Rosalie
Reste calme, ma Juju. Tout va bien aller ! On va te retrouver.

CHAPITRE 50

CONVERSATION ENTRE

Tu te souviens de l'acrostiche de Jackson? Voici celui de Lou, maintenant:

L: La fille la plus cool du monde!
O: Oubliez tout ce qu'on vous a dit: JE suis la meilleure!
U: Un jour, je serai une star, et je me marierai avec un bellâtre!

Elle était jeune, à cette époque. Aujourd'hui, elle ne veut plus se marier avec un bellâtre... Certains événements de la vie peuvent faire changer nos priorités.

Samedi 1 h

Jackson

Bon, OK, les filles !
Je commence à comprendre la forêt ! Je vais venir vous sauver. Je vous jure que je vais vous sortir de ce trou avant le lever du soleil.

Spout

Il n'y a pas que des filles, ici !

Jackson

Lou

C'est quoi ton plan, Jack ?

Jackson

Euh…

Mon plan…

Ben, c'est de vous sauver !

Lou

Oui, ça, on avait compris. Mais tu vas faire comment ?

Jackson

Un héros ne dévoile jamais ses tactiques.

Lou

Avoue que t'en as aucune idée !

Juju

Ce n'est pas grave. Ça change quoi, qu'il ait un plan ou pas, au fond… Ce qu'on veut, c'est sortir d'ici. Peu importe comment, non ?

Spout

T'es sûr que tu ne veux pas d'aide, Jack ?

Jackson

Tu ne peux pas m'aider, Spoutnik. Désolé : cette fois, ce n'est pas toi le sauveur…

Lou

C'est que ma jambe me fait tellement mal… Je voudrais que tout ça se termine MAINTENANT !

Jackson

Essaie de voir les choses positivement. Au moins, tu es au fond d'un trou noir avec ton beau moniteur...

Lou

Ha ! Ha ! Très drôle.

Juju

Ce que Lou ne dit pas, Jackson, c'est que Spoutnik a enlevé son t-shirt pour lui faire un bandage...

Jackson

Wouuuuuuu !

Lou

Franchement ! J'ai l'os qui sort de la jambe ! Je m'en fous, de mon moniteur torse-nu. Je rêve plutôt d'un médecin, là !

Jackson

LOL !

Juju

MDR !

Spout

Euh... Avez-vous oublié que je participe à cette conversation... ?!! Et que je suis juste à côté de vous, là ?

Juju : MDR !

Jackson : Juju ! Je pense que je viens de t'entendre rire...

Juju : Ben oui. J'ai écrit « MDR » : ça veut dire que je ris.

Jackson : Non ! Je veux dire que je t'ai entendue pour de vrai... Ça veut dire que je ne dois pas être bien loin d'où vous êtes.

Juju : 

Lou

Ça, c'est une excellente nouvelle !!!!

Juju

Je savais que tu arriverais à nous sauver, Jack !

Jackson

Criez tous les trois. Je vais suivre le son de votre voix !

CHAPITRE 51

CONVERSATION ENTRE

et

La nature et l'air pur aident
Rosalie à mieux respirer.
Soudainement, ni sa mère ni sa sœur
ne lui tapent sur les nerfs,
bien au contraire. Juliette, quant à elle,
commence à manquer d'air
dans son trou.

Samedi 1 h 30

Rosalie

Salut, Juliette. Nous sommes arrivées au camp, maman et moi. Il y a des policiers partout ! Je panique, Juju ! Nous avons dit à un policier que tu étais dans un trou. Ils vont envoyer les chiens pour vous retrouver, je pense.

Est-ce que tu vas toujours bien ?

Comment va Lou ?

Juju

Je vais bien, mais Lou a très mal à sa jambe, et je suis inquiète pour elle.

Rosalie

Je pense que, dans des situations comme ça, il faut voir le bon côté des choses.

Juju

Tu vois un bon côté à ça, toi ?

Rosalie

Si vous mourez de faim, Lou et toi, vous pourrez toujours manger votre moniteur !

HA ! HA ! Oui...

Juju

J'y pense. Tu peux dire aux policiers que nous sommes près des drapeaux !

Rosalie

Près des drapeaux ?

Mon moniteur fait dire de voir avec Agrippine. C'est elle qui a délimité le territoire avec des drapeaux, pour un jeu.

Juju

Rosalie

OK, je m'occupe de ça.
Tout va bien aller, les filles, on va bientôt vous retrouver !

CHAPITRE 52

CONVERSATION ENTRE

Les parents de Juliette se sont rencontrés lors d'une émeute dans un spectacle de musique. Le chanteur avait annulé son show, alors que tout le monde l'attendait dans la salle. L'annonce de la mauvaise nouvelle a mis en colère plusieurs fans, qui se sont mis à tout saccager. Rapidement, les lieux sont devenus dangereux, alors la mère de Juliette et sa meilleure amie ont décidé de partir. Mais tandis qu'elle essayait de s'enfuir, la mère de Juju a reçu une bouteille en plein milieu du front et elle a aussitôt perdu connaissance. Devine quelle personne stupide avait lancé cette bouteille sans trop se poser de questions? Eh oui! C'était le père de Juliette. Quand il a vu une fille s'écraser au sol à cause de lui, il a tout de suite retrouvé ses esprits et a volé au secours de sa pauvre victime. Il a passé la nuit à l'hôpital auprès d'elle à s'excuser. Deux jours plus tard, la mère de Juliette trouvait un casque protecteur et deux billets pour un concert sur le pas de sa porte. Elle a craqué… Et depuis, les deux amateurs de rock sont amoureux!

Samedi 1 h 40

Maman

Coucou, ma Juju. J'ai ajouté papa dans cette conversation pour le mettre au courant de ce qui se passe.

Juju

Merci, maman, mais il le savait déjà : je l'avais texté tout à l'heure.

Maman

Dans ce cas, tu n'auras pas besoin de répéter pour nous deux. Tu dois ménager la batterie de ton téléphone.

Juju

Juju

Tu as raison. Ma batterie n'a plus que vingt pour cent de charge ! OMG ! Vous devez me retrouver avant que mon portable meure. Sinon, moi aussi, je vais mourir de peur !

Maman

Relaxe, Juju. Les policiers sont en train de délimiter le territoire de recherche. Ils vont vite venir vous chercher.

Tu nous as dit que tu étais près d'un drapeau. Agrippine vient de nous montrer sur la carte où elle les a placés. Il y en a dix... Nous te trouverons, ma Juju !

Dix !!!! Ça va être long ! En plus, je ne suis pas sous le drapeau, mais près de lui... J'ai couru sans trop regarder où j'allais ; je ne sais pas à quelle distance du drapeau je me trouve !

Juju

Il y a de la terre qui nous tombe sur la tête... On dirait qu'une personne marche au-dessus de nous.

Maman

Ce sont sûrement les secours. Tu vois que ça n'a pas été long !

Tu me diras quand tu seras sortie du trou.

CHAPITRE 53

CONVERSATION ENTRE

Juju, Lou, Rébé et Jade

Compte tenu de la situation, la tante de Jade a accepté de faire une exception et elle lui a permis d'avoir son téléphone en tout temps. Merci, tantine!

Samedi 1 h 45

Jade

Des nouvelles, svp !

CHAPITRE 54

CONVERSATION ENTRE

Juju a ajouté sa sœur à la conversation, car, maintenant, il est essentiel pour elle de communiquer avec toute sa famille en même temps. En effet, elle doit se rendre à l'évidence: les minutes sont comptées.

Samedi 1 h 45

Juju

OMG ! PAPA, MAMAN, AU SECOURS ! Je pensais que les secours arrivaient parce que j'avais entendu quelqu'un marcher au-dessus de nos têtes, mais voilà que la moitié du sol vient de s'effondrer sur notre tête et que c'est Jackson, le responsable ! Il devait nous sauver, et là, il est dans le trou avec nous !!!!! Et le pire, c'est que nous sommes maintenant ensevelis. J'ai de la difficulté à respirer... Nous n'avons presque plus d'espace pour bouger !

Maman

Tout va bien aller, ma Juju…
Je donne ces informations
aux policiers.

Juju

Maman, j'ai peur de mourir !

Rosalie

Tu ne vas pas mourir.
Mais comme le sol est
instable, les policiers doivent
redoubler de prudence.
Ils ne veulent pas risquer
de vous enterrer vivants
en provoquant un autre
affaissement du sol.

Juju

Tu sais que tu n'es vraiment
pas rassurante, là, Rosie ?!

Juju : J'entends un hélicoptère. Est-ce que ce sont les secours ?

Maman : Je ne pense pas. Les policiers n'ont pas parlé d'hélicoptère.

Par contre, tu peux dire à Lou que son père vient d'arriver et qu'il va tout faire pour la sortir de là, lui aussi !

Papa : Juliette, reste calme, tout va bien aller.

Juju : PAPA !!!!

Rosalie

PAPA !!!!

Maman

Mathieu ?

Juju

PAPA ! Comme je suis contente que tu sois là... J'ai tellement peur.

Papa

Tout va bien, ma puce. Tu entends l'hélicoptère qui approche ?

Juju

Oui.

Papa

C'est moi !

Juju

QUOI ?

Maman

QUOI ?

Rosalie

WHAT ??

Papa

J'ai vu tes textos, mais je n'avais pas le droit d'y répondre parce que, comme nous étions en mission, texter aurait pu révéler notre position. Mais je ne pouvais pas rester là à ne rien faire. J'ai eu l'autorisation de partir avec quelques soldats pour venir te secourir.

Nous volons au-dessus de l'endroit où tu te trouves. Des hommes vont descendre, attachés à un câble fixé à l'hélicoptère, pour venir vous chercher sans risquer de créer un autre effondrement.

Papa !!!! Tu es mon héros ! ❤

Juju

Maman

Mon amour, c'est toi le meilleur ! 😍

Rosalie

❤❤❤❤❤
❤❤❤❤❤

CHAPITRE 55

CONVERSATION ENTRE

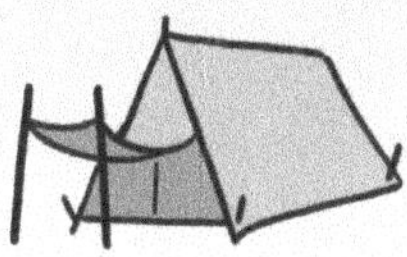

Dans quelques minutes, Rébecca rentrera enfin de son séjour en camping. Passer toutes ces journées avec ses petits frères l'a épuisée, et elle rêve du moment où elle pourra enfin discuter avec ses amies. Jade, de son côté, est convaincue qu'il ne lui reste plus qu'une seule amie. Pour ce qui est de Juliette et de Lou, nous avons perdu leur trace depuis bientôt dix heures. Étrange...

Est-ce qu'il se pourrait que l'hélicoptère se soit écrasé avant d'avoir réussi à sauver les jeunes?

Samedi 11 h

Jade

Les filles, je viens d'appeler mes parents et ils vont me ramener au Canada. Comme je n'ai plus de réponse de vous, j'en conclus que vous n'avez pas survécu. 

Rébé

HA !!! MON DIEU !!!! Je viens de lire tous les messages !!! Jade !!!! Les filles sont vraiment mortes ? 

Jade

Si elles étaient encore vivantes, elles nous auraient répondu.

Rébé

Jade

Rébé

Hiiiiii, les filles, nous ne sommes pas mortes !!! Nos portables n'avaient plus de batterie !!!

OMG !!!! Vous êtes vivantes !!!!

Êtes-vous encore au fond de ce trou ?

Heureusement, non ! Nous sommes maintenant à l'hôpital. Lou s'est fait opérer la jambe. Les médecins disent qu'elle va bien.

Mais elle se repose en ce moment, c'est pour ça qu'elle ne répond pas.

Jade

Comment vous avez fait pour sortir ???

Juju

Ça, c'est une très longue histoire que je vais vous raconter une autre fois, parce que je suis morte de fatigue. Je vous appellerai quand je serai rentrée chez moi, OK ?

Rébé

OK, Juju ! Déjà, de savoir que vous allez bien, ça me rassure.

Jade

MOI AUSSI !!! J'ai tellement,
mais tellement eu peur !
Ça y est, je pleure de joie !

Repose-toi bien, Juju !

Deux jours plus tard

CONVERSATION ENTRE

et

Juliette n'a reparlé à personne depuis son retour du camp. Elle a eu besoin de beaucoup de repos. Jackson, quant à lui, n'a fait que penser à Juju. Mais Geneviève, sa mère d'accueil, l'a obligé à se reposer. Elle a même rangé son téléphone. Jackson est un peu surpris de tout ça. C'est bien la première fois qu'une personne lui fixe des limites et s'occupe de lui. Il doit avouer que ça lui fait du bien de savoir qu'un adulte veille sur lui et s'inquiète pour lui. Jamais il ne désobéirait à Geneviève, car il veut vivre chez elle longtemps.

Alors, il s'est reposé deux jours avant d'enfin pouvoir récupérer son téléphone pour texter Juliette.

Lundi 10 h

Jackson

Salut, Juliette. Je n'ai pas eu de nouvelles de toi depuis le camp. Comment vas-tu ?

Salut, Jackson ! Je vais bien ! Je ne suis presque pas traumatisée !

Juju

Jackson

LOL !

Juju : Je voulais te remercier d'avoir essayé de nous sauver.

Jackson : Oui… mais je n'ai pas réussi. Au contraire, j'ai failli vous tuer en vous enterrant vivants !

Juju : C'est l'intention qui compte ! LOL !

Jackson : Je suis déçu, j'aurais aimé ça, te sauver.

Juju : Ce n'est pas grave… une prochaine fois, peut-être.

Jackson

Ha ! Ha ! T'as encore envie de mettre ta vie en danger pour que j'essaie ?

Hiii oui, non, laisse tomber… ! MDR

Juju

Jackson

Je voulais aussi te parler de ce qui s'est passé une fois qu'on a été sortis du trou… Je ne voulais pas. Je m'excuse. C'était à cause de l'émotion.

Juju

Oublie ça, ce n'est pas grave. L'émotion, ça nous fait faire n'importe quoi.

Jackson

Ouais, c'était vraiment n'importe quoi ! LOL !

CHAPITRE 56

CONVERSATION ENTRE

et

Rosalie travaille au magasin ce matin, pendant que Juliette fait des recherches sur le Web pour trouver des articles qui parlent de son aventure au camp. Elle a l'impression d'être une star! Ce qui ne lui fait pas particulièrement plaisir... Contrairement à Lou, qui accorde des interviews depuis deux jours aux journalistes curieux, Juliette, elle, est tranquille à la maison avec son chien.

Lundi 10 h 35

Rosalie

Coucou, ma Juju !
J'ai pensé que tu aimerais avoir cette photo de toi et de ton copain.

Vous étiez tellement mignons, tous les deux !

OMG ! Je ne savais pas que
tu avais une photo de ça !

Juju

Jackson n'est pas
mon copain !

Rosalie

QUOI ? Tu embrasses tes
amis, toi ? Je ne te pensais
pas comme ça, ma sœur !

NON ! Je n'embrasse pas
mes amis !

Juju

Rosalie

Quoi ? Alors, ne me dis pas que tu embrasses tes ennemis !?

Juju

NOOONN !!! Ce n'est pas ce que tu penses.

Rosalie

Ce que je pense, c'est que tu aimes ce garçon, mais que tu es trop gênée pour l'avouer.

Juju

...

OK ! C'est ce que tu penses.

Mais là… Qu'est-ce que je devrais faire ? C'est un très gentil garçon, mais les autres le trouvent bizarre.

Toi, le trouves-tu bizarre ?

Oui, mais non…

Tu dis ça parce que t'aimes les gens bizarres !

Juju : LOL ! Oui, peut-être un peu !

Rosalie : Dis-le-lui.

Juju : Tu penses ???

Rosalie : J'en suis certaine… et tu sais bien que j'ai toujours raison !

Juju : PFFT !

Rosalie

CHAPITRE 57

CONVERSATION ENTRE

Les conseils des grandes sœurs sont souvent bons. Pas toujours, par contre. Est-ce que, cette fois-ci, Rosalie a eu une bonne idée? Pour le savoir, il faut lire la conversation qui suit entre Juju et Jackson.

Lundi 11 h 30

Juju

Jack, je dois t'avouer quelque chose.

Jackson

Tu ne veux pas qu'on soit amis, c'est ça ? C'est bon, je comprends… Je sais que je suis bizarre.

Juju

Non, j'aime les gens bizarres.

Jackson

Ah oui ? Alors, ça veut dire que tu m'aimes ?
HA ! HA ! Je rigole !

Juju : Ben oui…

Jackson : Alors, on est des amis ?

Juju : Euh…

Jackson : Non ? Tu ne m'aimes pas assez pour être mon amie ?

Juju : Oui, oui !

Peut-être même plus, aussi…

Jackson

Est-ce que c'est une blague ?

Tu dis ça juste pour voir ce que je vais répondre et rire de moi après, c'est ça ?

Juju

Non, pas du tout… Je te le jure !

Jackson

Alors, si je comprends bien, tu veux sortir avec moi ?

Juju

Ben… si tu veux !

Si je veux ?

LOL !

Si je veux !?

C'EST SÛR, QUE JE VEUX !

CHAPITRE 58

CONVERSATION ENTRE

Avec tout ce qui s'est passé, les parents de Jade ont accepté d'écourter son séjour en Europe. Jade n'en pouvait plus de se sentir si loin de ses amies et, il faut l'avouer, elle avait très peur que Noam, son amoureux, fasse comme Jacob et la laisse. Ne dit-on pas «loin des yeux, loin du cœur»!?

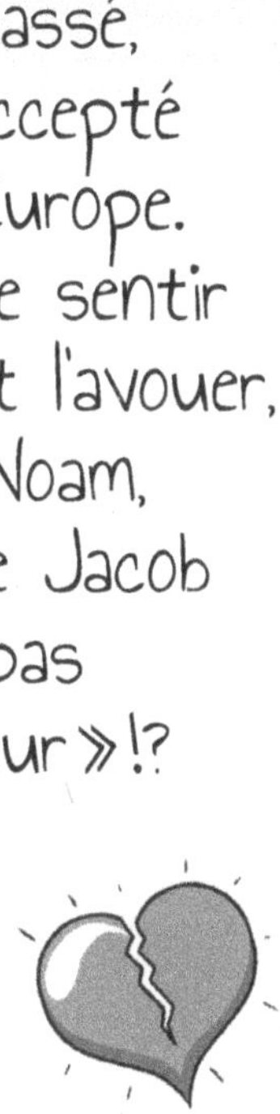

Lundi 12 h 07

Jade

Salut, les filles ! Je suis enfin de retour au Québec !

Comment va ta jambe, Loulou ?

Lou

Ça va ! Si ça vous tente, je vous invite chez moi ce soir. On pourra enfin vous raconter toute l'histoire.

Les filles, vous ne devinerez jamais ce qui m'arrive.

Juju

Lou

Je suis prête à parier que je peux le deviner du premier coup. 😉

Juju

LOL ! 😂 Impossible !

Lou

Tu sors avec Jackson !

Juju

😱

Juju

Comment t'as fait pour le savoir ?

Lou

LOL !

Rébé

HA ! HA ! Lou, t'avais raison !

Jade

Lou, tu es la spécialiste de l'amour !

Lou

C'était beaucoup trop évident ! LOL ! Et je vous ai vus vous embrasser avant que je parte en ambulance.

Juju

Tu nous as vus, et tu n'en as pas parlé ?

Lou

J'attendais de voir ce que tu allais faire...

Jade

Je trouve que vous formez un beau couple, tous les deux !

Rébé

Moi, je le trouve un peu bizarre…

Juju

Tu sais quoi, Rébé ? C'est exactement ce que j'aime chez lui !

Rébé

Juliette, tu es vraiment la plus surprenante de la bande ! LOL !

Rébé

Alors là, ça veut dire que je suis la seule qui est célibataire, maintenant ?

Lou

Non... pas vraiment. Je ne sors plus avec Jacob.

Jade

QUOI ?

Rébé

Comment ça ?

Lou

Bah... Je vous raconterai ça ce soir.

Jade

On va en avoir, des choses à se dire, ce soir !

Lou

Vous devriez dormir ici. Je pense que la soirée ne suffira pas pour qu'on se raconte tout. LOL !

Jade

LOL ! Bonne idée !

CHAPITRE 59

CONVERSATION ENTRE

et

Derrière chaque grande sœur oppressante se cache une personne qui aime profondément son petit frère ou sa petite sœur. Oui, oui : malgré les disputes, les insultes, les coups, les bousculades, les reproches et les critiques, les grandes sœurs sont capables d'aimer...

Lundi 12 h 19

Rosalie

Coucou, Juju ! Je me demandais si tu avais quelque chose de prévu ce soir… Je devais aller voir un film au cinéma avec une amie, mais elle ne peut plus.

Veux-tu venir avec moi ?

Euh… c'est une blague ou quoi ?

Juju

Rosalie

Non, non…

Juju

Sérieux, tu m'invites à faire quelque chose avec toi ? Dès que les lumières vont s'éteindre et que le film va commencer, tu vas en profiter pour m'étrangler, c'est ça ?

Rosalie

Ha ! Ha ! Ben non, voyons !

Juju

OK. Je devais aller chez Lou avec les filles, mais je vais annuler...

Rosalie

Ben non ! Annule pas pour moi ! On fera ça une autre fois.

Juju

Est-ce que ça veut dire que c'est terminé ?

Rosalie

Quoi ?

Juju

Ta crise d'adolescence !

Rosalie

Ha !

Ha !

Ha !

Rosalie
Attention, je pourrais avoir une rechute…

Juju
Tu sais quoi, Rosie ?

Rosalie
Quoi ?

Juju
Je vais annuler la soirée avec mes amies ; j'aime mieux sortir avec toi.

Rosalie

Super ! On regardera les films à l'affiche quand je rentrerai à la maison, vers 17 h 30.

Juju

Je t'aime, ma sœur !

Rosalie

Moi aussi !

FIN

Elles vécurent heureuses et
eurent quand même d'autres disputes
de sœurs! Mais ça, ce sont d'autres
histoires de FULL TEXTOS

...

À bientôt pour de nouvelles aventures

Carine Paquin est une auteure qui aime écrire des histoires. C'est une très belle qualité quand on exerce ce métier. Elle est aussi enseignante et adore les enfants (une autre bonne qualité). Carine n'est pas comptable et elle déteste les mathématiques. Elle n'est pas vétérinaire non plus, mais elle aime les animaux. Comme quoi la vie n'est pas une science exacte.

Crédit photo : Annie Simard